RECVE
DE
SENTENCES,

Renduës par les Iuges de la Doüane de Lyon, en execution des Edicts & Lettres Patentes, données par les Roys François I. Henry II. Charles IX. Henry III. Henry IV. & Louys XIII. sur le fait de ladite Doüane.

A *LYON,*

Par ANTOINE IVLLIERON, Imprimeur & Marchand Libraire, ruë Raisin proche la place de Confort, aux deux Viperes.

M. DC. LXI.

LETTRES PATENTES
du Roy Louis XIII. sur le fait de la Doüane de Lyon.

LOVIS par grace de Dieu, Roy de France & de Nauarre, A nôtre amé & feal Conseiller en nôtre Conseil d'Estat, President en nôtre Cour de Parlement de Grenoble : Le sieur Faure Intendant de la Iustice prés nôtre cher & bien amé cousin le Duc de Montmorency, Pair & Connétable de France, Gouuerneur & nôtre Lieutenant general en Languedoc : Et au premier de nos amez & feaux Conseillers en nos Cours des Aydes, Comptes & Finances de nos païs de Languedoc & Prouence, Maistres des Ports, leurs Lieutenans & autres nos Officiers, & chacun d'eux premier sur ce requis : Salut, Nostre cher & bien amé Vrbain de la Mothe, Fermier general de nos droicts des cinq grosses Fermes, la Doüane de Lyon y comprinse : Nous a fait remonstrer que par le deuxiéme article de son Bail, Nous aurions ordonné que les Edicts & Declarations faites par nos predecesseurs

A 2   cesseurs

colseurs Roys és années 1540. 64. 66. 85.
Arrest du 6. May 1606. & autres Reglemens donnez en nostre Conseil en execution d'iceux, sur la perception d'iceux droits
de Douane, seront obseruez & entretenus;
Par lesquels Edicts, Ordonnances, Reglemens & Arrests de nostredit Conseil, toutes & chacunes les Marchandises, Drogueries & Espiceries venans d'Italie, Piedmont,
Sauoye, Geneue, Auignon, Comtat de
Venisse, Espagne & Leuant, doiuent estre
directement portées & conduites par terre
en nostre ville de Lyon, & passer par le pont
de Beauuoisin, Marseille, Narbonne, &
autres lieux y designez, pour estre en ladite
Ville lesdites marchandises marquées, &
nosdits droicts de Douane payez, suiuant
les Tarifs & Apreciations faites par nos
Officiers de ladite Douane en l'année 1578.
sans que lesdites marchandises puissent entrer par autres villes, lieux & endroits de nostre Royaume, ou aller en ladite ville d'Auignon, Comtat de Venisse, Geneue, Cham-
bery, & autres lieux du Piedmont & Sauoye,
ny estre venduës & debitées qu'apres auoir
esté marquées, & payé nosdits droicts de
Douane, sur peine de confiscation des marchandises, Drogueries & Espiceries, Batteaux,

teaux, cheuaux & charrettes, & autres pei-
nes portées par nos Ordonnances ; ayant
aussi ordonné sur les mesmes peines par Arrest contradictoirement donné en nostre
Conseil le 24. Mars 1603. que les Marchandises originaires des païs de Languedoc, Prouence & Dauphiné, qui seront
voicturées pour porter és païs de Sauoye,
Dombes, Franche-Comté, Geneue, Suisse
& Allemagne, passeront par ladite ville de
Lyon pour y payer ledit droict de Douane:
Neantmoins au prejudice de ce, plusieurs
Marchands negotians, Patrons, Voicturiers,
Mulletiers & autres, commettent toute sorte d'abus & fraude, peruertissant entierement l'ordre prescrit par nosdites Ordonnances & Arrests, faisãt entrer par chemins
obliques & prohibez lesdites marchandises
de Leuant, Espagne, Drogueries & Espiceries, en nos Prouinces de Languedoc, Prouence & Dauphiné ; mesme par nostre
Ville d'Arles & autres ports, icelles conduire par eau en nostre ville de Beaucaire,
Tarascon, Auignon, & autres villes & lieux
de nosdites Prouinces, les exposent en ven-
té, troquent & changent, en estant non seulement lesdites Prouinces fournies, mais
encore les circonuoisines, sans les aporter

en nostredite ville de Lyon pour y estre
marquées, & nosdits droicts de Douane payez, suiuant nosdites Ordonnances & Reglemens, en quoy ledit Fermier a déja receu de tres-grandes pertes, specialement
durant la tenuë de la derniere Foire de
Beaucaire, outre diuers meurtres & violen-
ces qui ont esté exercez alencontre de ses
Commis, requerant y vouloir pour l'advenir pouruoir. A CES CAVSES, apres
auoir fait voir en nostre Conseil ledit Bail,
Edicts, Ordonnances, Arrests, Reglemens,
& Tarifes susdits, cy-attachez soubs le con-
treseel de nostre Chancellerie, desirant
iceux faire garder & obseruer soigneuse-
ment, entretenir à l'exemple de nosdits
predecesseurs Roys. De l'advis de nostredit Conseil: Vovs mandons & tres-expres-
sement enjoignons par ces presentes, que
vous ayez à faire, comme nous auons de
nouueau fait & faisons, tres-expresses inhibitions & deffences à tous Marchands negocians, Voicturiers, Patrons, Conducteurs,
Mulletiers, & autres personnes de quelque
estat & condition qu'ils soient, d'aporter ou
faire entrer par cétuy nostre Royaume, &
par nosdites Prouinces de Languedoc, Prouence & Dauphiné, aucuns draps d'or &
argent,

argent, foye, fil d'or & argent & foye, &
toutes fortes d'eftoffes, ouurages de foye &
farge de Florence, venans d'Italie, Piedmont & Sauoye, par autre lieu & endroit
que le Pont de Beauuoifin , & de-là venir
en noftre ville de Lyon, par la porte & pont
du Rofne, pour y eftre marquées & nofdits
droicts payez , comme auffi deffendons
l'entrée & tranfport des foyes, Camelots
de Leuant, Tapis de Turquie, Efpiceries &
Drogueries, & toutes fortes de marchandifes venans de Leuant & Efpagne, que par
les villes de Marfeille & Narbonne, & de-
là droit en noftredite ville de Lyon, fans
qu'aucunes defdites marchandif s, Efpiceries & Drogueries, puiffent eftre aportées,
expofées en vente, & debitées tant en ladite ville d'Arles, Beaucaire, Auignon, Tara-
fcon, Comtat de Veniffe, qu'autres villes &
lieux de nofdites Prouinces, foit en temps
de Foires & hors d'icelles, que au prealable
elles n'ayent efté marquées & payé les
droicts de ladite Douane audit Lyon, fur
peine de confifcation defdites marchandifes, batteaux, charrettes, cheuaux & mul-
lets : Et à ces fins voulons, que toutes lefdites marchandifes fubjettes à ladite marque
qui ne feront marquées, & les autres mar-

A 4

chandi

chandifes , drogueries & efpiceries qui n'auront efté aportées audit Lyon, & payé nofdits droicts, eftre faifies & confifquées, foit efdites villes d'Arles & Beaucaire pendant la tenuë de la Foire de la Magdeleine, que en quelque autre part & endroit qu'elles foient trouuées, faute de faire aparoir defdites marque & certificat des commis dudit Fermier du payemét de nofdits droits. Seront pareillement les marchandifes originaires defdites Prouinces de Languedoc, Prouence & Dauphiné, qui feront voicturées pour porter és pays de Sauoye, Dombes, Franche-Comté, Piedmont, Geneue, Suiffe & Allemagne, tenuës de paffer par noftredite ville de Lyon, & payer noftre droict de Douane : le tout à peine de confifcation fuiuant l'Arreft de noftredit Confeil dudit jour vingt-quatriéme Mars mil fix cens trois, comme auffi les marchandifes & eftoffes de foye qui feront manufacturées audit Auignon, où les foyes cruës ou teintes qui fe font tant en ladite ville, que autres de nofdites Prouinces, ne pourront eftre expofées en vente en noftredit Royaume, pays & terres de noftre obeïffance, qu'elles n'ayent efté aportées en noftredite Ville de Lyon, & payé audit Fermier

ledit

ledit droict de Douane sur les mesmes peines de confiscation, le tout suiuant & conformément ausdits Edicts, Ordonnances, Reglements, & Arrests. MANDONS ET ENIOIGNONS à nostre tres-cher & bien amé cousin le sieur Duc de Montmorency Connestable de France, tenir la main à ce que nosdits Edicts, Ordonnances, Reglements, Arrests, Bail dudit de la Mothe, & ces presentes, soient exactement suiuies, gardées & entretenuës en ladite Prouince de Languedoc, sans qu'il y soit contreuenu en aucune maniere. Et aux Gouuerneurs & Consuls desdites villes d'Arles & Beaucaire, & autres, de permettre & souffrir esdites villes les Commis dudit de la Mothe, pour faire les visitations, saisies & arrests des marchandises susdites, prohibées & deffenduës, sans permettre qu'il soit fait, mis ou donné en leur personne, ou au faict de leurdite Commission, aucun déplaisir, trouble ou empeschement, à peine de respondre en leur propre & priué nom desdits Commis, que nous auons pris & mis en nostre protection & sa. ueguarde, & de la perte de nosdits droicts : au contraire donner audit de la Mothe, ses Procureurs & Commis, toute ayde, faueur, assistance &

A 5　　　main

main-forte si besoin est, & requis en sont.
Et afin que personne ne pretende cause d'i-
gnorance de nostre intention, Nous voulons ces presentes estre notifiées à tous
qu'il appartiendra, publiées esdites villes
d'Arles, Beaucaire & Tarascon, Ville-
neufve d'Auignon, & autres villes & lieux
de nosdits païs de Languedoc & Prouence,
à son de trompe & cry public, & d'icelles
mis affiches & placards par tout où besoin
sera : De ce faire vous auons donné &
donnons pouuoir & commission, & mandement special par ces presentes, nonobstant oppositions ou appellations quelconques, pour lesquelles & sans prejudice d'i-
celles, ne voulons l'execution de nosdits
Edicts, Reglements, Arrests, & des presentes estre differée, & dont si aucuns inter-
uiennent, Nous auons retenu & reserué
la connoissance à Nous & à nostre Conseil,
& icelle interdite & deffenduë, interdi-
sons & deffendons à toutes nos autres
Cours & Iuges quelconques. Mandons à
tous nos Huissiers & Sergens faire pour ladite execution & de vos Ordonnances, tous
exploicts, commandemens, saisies & con-
traintes requises & necessaires, sans pour
ce demander congé, Placet, Visa, ne Pá-
reatis.

reatis : Et d'autant que de cesdites presentes on pourra auoir affaire en plusieurs & diuers lieux , Nous voulons qu'au vidimus d'icelle, deuëment collationné par l'vn de nos amez & feaux Conseillers, Notaires, Secretaires, foy soit adjoustée comme au present original : Car tel est nostre plaisir. Donne' à Paris le vingt-septiéme jour du mois de Iuin, l'an de grace 1613, & de nostre regne le quatriéme. Signé, Par le Roy en son Conseil, Bavdovin. Et scellé sur simple queuë du grand sceau de cire jaune.

Collationné à l'original par moy Conseiller, Secretaire du Roy, & de ses Finances.

SENTENCE

SENTENCE DONNEE PAR

Messieurs les Iuges de la Doüane de Lyon, le 15. Octobre 1638.

LES IVGES DE LA DOVANE à Lyon, assemblez au Bureau d'icelle, Sçauoir faisons, que sur ce que Maistre Iean de Chauanes Controolleur général de la Doüane de Lyon, faisant pour Maistre Noël Depars Fermier general des cinq grosses Fermes de France, ladite Doüane de Lyon y comprise: Novs a dit & remonstré, que les Commis, Gardes generaux à cheual dudit Fermier faisans leur cheuauchée, comme le deub de leur charge les y oblige, auroient rencontré dans le grand chemin, qui va de Roüane à S. Estienne, entre la ville de Feurs & ledit S. Estienne, vne charrette tirée par deux bœufs, chargée de six balles ou balots marchandise, conduite par Iean Charrier Voiturier dudit S. Estienne, accompagné de Nicolas Mignot facteur du sieur Iean Poignant Marchand de Paris, auquel ladite marchandise appartient; En intention de voicturer lesdites six bales marchandise audit S. Estienne, de là à

Marseille,

Marseille, & dudit Marseille à Gennes, sans
passer par la ville de Lyon, pour y payer les
droicts de Douane deubs au Roy. Ce qui auroit obligé lesdits Gardes de saisir & arrester lesdites marchandises, bœufs, & charrette, & icelle conduire à S. Martin Le-
stra, où ledit sieur Mignot s'est pourueu
pardeuant le Iuge dudit lieu, lequel sur les
remonstraces à luy faites par iceux Gardes
à cheual, auroit octroyé acte aux parties, de
leur dire & remonstrances; & ordonné
qu'elles se pouruoiroient ainsi qu'elles ver-
roient bon estre, & que sieurs Pierre Che-
naud, tenant le logis de la Poste audit Saint
Martin, demeureroit Gardiateur des bœufs
& charrette seulement, pour les representer quand par Iustice seroit ordonné : Pardeuant lequel Iuge ledit Mignot à recog-
neu, que ledit sieur Poignan son Maistre luy
auoit donné charge de faire conduire &
voicturer lesdites six bales ou balots (qu'il
dit estre toille de Paris) iusques à Roüane,
& de là à Feurs & à S. Estienne, & suiure
tousjours le plus commode chemin pour
aller à Marseille, où il auoit ordre de les
consigner à Pierre Bouchet pour les enuoyer à Gennes, comme le tout se justifie par
l'ordre que ledit sieur Poignan a donné audit

dit Mignot, de luy figné le vingt-huictiéme Septembre dernier : Et pour lefdites fix
bales, ils les auroient fait conduire fur vne
autre chatrette en cette Doüane, où elles
font à prefent, & donné affignation audit
Mignot à ce jourd'huy pardeuant Nous,
pour refpondre fur le contenu au procez
verbal qu'ils ont fait de ladite faifie, du
douziéme du prefent mois d'Octobre, &
voir adjuger la confifcation defdites fix bales ou balots marchandife, bœufs, & charrette fur laquelle elles ont efté trouuées. Et
pour Nous faire voir que ladite faifie eft
bonne, dit ledit de Chauanes : Que ledit
Mignot eftant à Roüane auec fes marchandifes, au lieu de venir en droicture à Lyon,
pour y payer lefdits droicts de Doüane, felon l'vfage de tout temps obferué, il les a
fait prendre vn chemin de trauerfe & obli-
que, pour les conduire à Feurs, faint Eftienne, Marfeille, & de là à Gennes, pour frauder, & s'exempter du payement des droicts
de ladite Doüane, qui eft directement contreuenir à la volonté du Roy, de fes Edicts
& Ordonnances, & à l'Arreft du vingt-troi-
fiéme Mars mil fix cens & trois, qui deffend
à tous Voituriers & Marchands, de tranf-
porter aucunes marchandifes originaires
des

des Prouinces de Languedoc, Prouence &
Dauphiné, hors du Royaume, fans au prealable auoir payé la Doüane audit Lyon.
C'eft pourquoy, & à plus forte raifon lefdi-
tés marchandifes venans de Paris, paffans
dans le Gouuernement du Lyonnois, &
proche la ville dudit Lyon, doiuent-elles
paffer fans payer ladite Doüane. Que fi le
paffage des marchandifes venant de France eftoit permis, eftant à Roüane, de les
paffer par le Forefts, fans les affujettir de
les conduire audit Lyon, pour y payer lefdits droicts de Doüane; il s'enfuiuroit que
toutes les marchandifes qui feroient defti-
nées d'aller en droiture, de Paris en Dauphiné, Prouence & Languedoc, & de là
hors le Royaume, pafferoient toutes en
trauerfe par ledit Forefts, tant parce que
les chemins y font plus courts & commo-
des pour les Voituriers, que pour s'exempter du payement defdits droicts de Doüane: Ce qui tourneroit à vne grande diminution des droicts du Roy, & contreuien-
droit à l'Ordonnance des Sieurs Prefidens
& Treforiers Generaux de France, de la
Generalité de Lyonnois, du trente-vniéme
Aouft mil fix cens trente-fept : Par laquelle deffences font faites à tous Marchands,
Voituriers,

Voituriers, & autres conduisans ou faisans conduire des marchandises, de les faire passer ailleurs que dans ladite ville de
Lyon & au Bureau de ladite Douane, pour
y estre veuës & visitées, & lesdits droicts
de Douane payez & acquitez, à peine de
confiscation des marchandises, cheuaux &
charrettes, conformément à laquelle Ordonnance, & à l'Arrest dudit Conseil, il
conclud à ce que lesdites marchandises,
bœufs, & charrette sur laquelle elles ont
esté trouuées, soient acquises & confisquées
au Roy, & au profit du Fermier suiuant
son Bail. Et outre ce, ledit Mignot, ou quoy
que ce soit, ledit Poignan son Maistre, condamné en l'amende de quinze cens liures,
& aux despens de l'instance; & qu'à l'execution de nostre jugement, en cas de confiscation seulemét, il soit passé outre, nonobstant oppositions ou appellations quelconques, & sans prejudice d'icelles. Est Inter-
uenu Maistre Favre l'ainé, Procureur des
Sieurs Preuost des Marchands & Escheuins de cette ville de Lyon : Qui nous a
dit, que le tiers surtaux leur appartenant,
ils ont interest en cette cause, pour soustenir, comme ils font, que la saisie dont s'a-
git a bien procedé, & que la confiscation
des

des marchandifes arreftées ne peut eftre
empefchée, auec condamnation d'amende, defpens, dommages & interefts au profit de fes Parties, pour leur tiers. Veu les
Edicts, Ordonnances du Roy, Arreft du
Confeil de l'année mil fix cens trois, & jugement de Meffieurs les Prefident, Treforiers Generaux de France en cette Generalité, de l'année derniere mil fix cens trente-fept, renduë fur la requifition defdits
Sieurs Preuoft des Marchands & Efche-
uins. C'eft pourquoy il conclud auec ledit
Fermier de la Doüane, à la confifcation des
marchandifes, bœufs, & charrette faifie, &
amende, defpens, dommages & interefts:
Employant ce qui a efté reprefenté de la
part dudit fieur Fermier. Svr qvoy ouy
Charrin Procureur, & affifté du fieur Iacques le Roy Marchand de cette Ville,
qui nous a dit auoir eu aduis que les Commis de la Doüane de cette ville, auoient
faifi & arrefté fix bales marchandife au
lieu de fainct Martin Leftra, appartenans
à vn fien amy nommé Poignan, Marchand de la ville de Paris ; par faute (ainfi qu'ils pretendent) d'auoir payé les droicts
de Doüane, & en pourfuiuent la confifcation. Remonftre que telle pourfuite eft

violente & extraordinaire, d'autant que ledit Poignan a deu estre assigné pour deduire ses raisons : par lesquelles, il fera voir, qu'il n'est nullement en faute, & n'a eu dessein de frauder les doicts de Douane : Que si bien ladite marchandise n'a esté voiturée à droiture en cette ville, ç'a esté à cause du soupçon du mal contagieux, & pour euiter de faire faire quarantaine à ladite marchandise, au lieu où elle doit estre conduite, comme se peut voir par la lettre de voiture, de laquelle lesdits Commis se sont saisis; Outre que tous les droicts de Douane ont ja esté payez. Partant requiert, auparauant que de proceder au jugement diffinitif du procez, delay d'vn mois luy soit donné, pour aduertir ledit Poignan pour defendre, & deduire plus particulierement ses raisons, si mieux nous n'aymons bailler mainleuée de ladite marchandise, en payant en tout cas, les droicts de Douane accoustumez; A quoy il conclud. Ledit Maistre de Chauanes en replique; dit qu'il n'est pas de bonne grace d'alleguer par le Deffendeur, pour euiter la confiscation de ses marchandises, le pretendu soupçon de maladie contagieuse, d'autant que s'il eust eu enuie de ne pas frustrer les droicts de Douane,

Doüane, auparant que de prendre la trauerse, il en eust aduerty le Fermier en cétte Ville, ou celuy qui en son lieu à la dire-
ction de la Doüane ; Tellement que quoy
qu'il en vueille dire, les conclusions du Demandeur luy doiuent estre faites & adjugées. A quoy il persiste. Comme aussi ledit
Favre l'ainé, pour lesdits Sieurs Preuost
des Marchands & Escheuins. Ce que dessus consideré, & oüy Maistre Iacques
Prost, Conseiller du Roy, Aduocat pour le
Procureur dudit Seigneur, de luy assisté
qui a dit que la saisie & confiscation de-
mandée des marchandises dont est question, est fondée sur l'Arrest donné au Conseil de sa Majesté le 23. Mars 1603. & sur
l'Ordonnance renduë par les Sieurs Tresoriers de France en cette Generalité de
Lyon le dernier Aoust 1637. Portans en
l'vn & en l'autre, deffences aux marchands
de transporter aucunes marchandises originaires de France, pour estre conduites
dans les Prouinces de Dauphiné, Prouence & Languedoc, sans au prealable les faire
passer en la ville de Lyon, pour y payer les
droicts de Doüane, deubs à sa Majesté. S'il
paroissoit que lesdits Arrests du Conseil, &
jugement desdits Sieurs Tresoriers de cet-

te Generalité euſſent eſté publiez & affichez, afin que nul n'en pretendiſt cauſe
d'ignorance : Veritablement il y auroit de
la faute du marchand d'auoir prins la trauerſe, & voulu paſſer ailleurs qu'en cette
Ville : Mais l'on void icy, qu'outre qu'il ne
ſemble pas que le Deffendeur ait voulu
frauder les droicts de Doüane, ains ſeulement éuiter le paſſage de cette Ville : à
cauſe de la maladie contagieuſe qui y regne : Toutes les marchandiſes de queſtion
ne ſont pas originaires de France, ains partie Etrangeres, pour raiſon deſquelles on a
payé les droicts à l'entrée du Royaume :
Toutes leſquelles conſiderations font, qu'il
n'y a pas lieu d'adjuger la confiſcation d'i-
celles, bien qu'elles ſoient deſtinées pour
eſtre conduites à Marſeille, & de là ailleurs :
ſi que main-leuée doit eſtre faite au Defendeur, des marchandiſes, & autres choſes ſur luy ſaiſies, en payant ſeulement
les droicts accouſtumez en cette Ville ; &
encor les fraiz de la capture, & voicture
d'icelles, faite en cettedite Ville. Tou-
tes-fois s'il eſtoit permis aux marchands,
ſous pretexte de quelque ſoupçon de maladie, ou autrement, de prendre les détours
& trauerſes, pour s'exempter de paſſer

par

par cette Ville, auec les marchandises qu'ils veulent faire conduire dans les susdites Prouinces de Languedoc, Prouence & Dauphiné : Ce seroit par ce moyen donner coup à la diminution des droicts de sa Majesté. A quoy il est expedient de pourueoir, En ordonnant qu'inhibitions & defences seront faites à tous lesdits Marchands qui feront par cy-apres conduire leurs marchandises dans l'estendue de ce Gouuernement, pour les porter en autre Prouince, de prendre la trauerse, auec Injonction de les faire conduire directement en cette Ville, pour y payer les droicts accoustumez, à peine de confiscation de leursdites marchandises, & attirail, cinq cens liures d'amende, & autre plus grande s'il y escheoit : Et afin que nostre present jugement vienne à la notice d'vn chacun, Qu'il soit leu, publié & affiché en cette Ville, és lieux accoustumez : Comme aussi au lieu de Roüane, & autres endroicts & passages où l'on peut prendre la trauerse, & que pour le tout il soit passé outre, non-obstant oppositions ou appellations quelconques, & sans prejudice d'icelles. Et apres auoir fait aduertir par nostre Huissier, le Sieur Cropet, Conseiller du Roy, & Mai-

stre

ſtre des Ports, Ponts, & Paſſages de cette Ville, ou ſon Lieutenant, pour aſſiſter au preſent jugement; & qu'il nous a rapporté ne les auoir trouué, pour eſtre retirez aux champs, auons en leur abſence, procedé audit jugement, comme s'enſuit.

IL EST DIT, Que main-leuée eſt faite des marchandiſes ſaiſies, en payant les droicts accouſtumez; & encore les fraiz de la capture & voicture d'icelles, faite en cette Ville, liquidez à la ſomme de ſoixante liures : Et neantmoins treſ-expreſſes inhibitions & defences ſont faites à tous Marchands qui feront conduire leurs Marchandiſes dans leſtenduë de ce Gouuernement, pour les porter en autre Prouince, de prendre la trauerſe; Ains leur enjoignons les faire conduire à droicture en cette Ville, pour y payer les droicts accouſtumez; à peine de confiſcation de ladite marchandiſe, & de cinq cens liures d'amende, & autre plus grande s'il y eſcheoit. Et afin que perſonne n'en pretende cauſe d'ignorance, ſera noſtre preſente Ordonnance leuë, publiée & affichée en cette Ville és lieux accouſtumez : Comme encores au lieu de Roüane, & autres en-

droicts

droicts & paſſages, où l'on peut prendre
la trauerſe & paſſer outre, nonobſtant
oppoſitions ou appellations quelconques,
& ſans prejudice d'icelles, FAIT à Lyon,
au Bureau de la Doüane, le Vendredy
quinziéme jour d'Octobre, mil ſix cens
trente-huict. Signé DVGVE', PARTI-
CELLY, SEVE, & PVGET Procureur du Roy. Et BLACHE Greffier.

L'AN mil ſix cens trente-huict, & le
cinquiéme jour du mois de Nouembre:
A la requeſte dudit Maiſtre Noël Depars,
Fermier General des cinq groſſes Fermes de
France, la Doüane de Lyon y compriſe: Ie
Regnaud DenauZieres premier Huiſſier ordinaire au Bureau des Finances en la Generalité de Lyon, souſſigné, Certifie m'eſtre exprés
acheminé audeuant la grande porte du Bureau de la Doüane de Lyon, celle du Palais Royal de Iuſtice, place des Changes,
bouts des Ponts de Saone & du Roſne,
places publiques, & autres lieux & endroicts accouſtumeZ à faire crys publics
en la ville de Lyon: En chacun deſquels
lieux i'ay à haute & intelligible voix, cry
public, & son de trompe, leu & publié le
                          ſuſdit

susdit jugement : Et à ce que personne n'en pretende cause d'ignorance, i'ay en tous les susdicts lieux affiché copie, tant dudit iugement qu'exploict de publication au bas, estant en impresse : Le tout fait en presence de Maistre Antoine Nicolas Huissier Audiantier en la Conseruation des priuileges Royaux des Foires de Lyon, & Pierre Sëue Praticien audit Lyon, tesmoins soussignez.

Depuis, & le huictiéme jour dudit mois de Nouembre mil six cens trente-huict, à la requeste dudit Maistre Depars, & continuant que dessus, Ie premier Huissier susdit, & soussigné, certifie m'estre expres acheminé à cheual dudit Lyon, és villes, bourgs, & villages dependans de ladite Generalité de Lyon, qui seront cy-apres declarez : Où estant audeuant des grandes portes, & entrées principales des auditoires de Iustice, places publiques, carrefours, & autres lieux & endroicts accoustumez à faire cris publics; En chacun desdits lieux, i'ay de mesme à haute & intelligible voix, cry public, son de trompe, & tambour, leu & publié le susdit iugement : le tout à ce que personne n'en puisse ignorer, duquel iugement, & exploict de publication au bas, estant en impresse; i'ay

en

en tous les susdits lieux affiché copie.

ET premierement cedit iour, és villages de la Tour, & bourg de Larbresle.

Le lendemain neufuiéme dudit, és bourgs de Poncharra, & Tarare.

Le dixiéme dudit, en la ville de Roüane.

Le douziéme dudit, au lieu de Nulize.

Le dix huictiéme dudit, en la ville de Feurs.

Le vingt-deuxiéme dudit, és villes de sainct Chamont, & sainct Estienne.

Le vingt-troisiéme dudit, au bourg Argental.

Le vingt-quatriéme dudit, à sainct Iulien, Molin Molette.

Le vingt-cinquiéme dudit, à S. Pierre de Bœuf.

Et finalement, le vingt-sixiéme iour dudit mois de Nouembre mil six cens trente-huict, és villes de Condrieu, bourg de Saincte Colombe, & village de Giuor. Le tout fait & exploicté en presence de Maistre Pierre Seue Práticien à Lyon, & Nicolas Vilardes dudit Lyon, tesmoins menez expres auec moy dudit Lyon : ledit Seue est sous-signé, & non ledit Vilardet, pour ne sçauoir, enquis.

DENAVZIERES.

          AVTRE

❋❋❋❋❋❋❋❋❋❋❋❋❋❋❋❋

AVTRE SENTENCE
donnée par Meſſieurs les Iuges de ladite Doüane de Lyon, le 24. Nouembre 1638.

ES IVGES DE LA DOVANE à Lyon, aſſemblez au Bureau d'icelle pour les affaires de ſa Majeſté: Sçauoir faiſons, que ſur ce que Me Pierre Viallier Procureur de Maiſtre Noël Depars, Fermier General des cinq groſſes Fermes de France, ladite Doüane de Lyon y compriſe; aſſiſté de Maiſtre Iean de Chauanes, Controolleur general en ladite Doüane: Novs a dit & remonſtré, qu'en l'Inſtance d'entre ledit Depars, demandeur par ledit Viallier d'vne part, Laurens Barraban, Eſtienne Bardeſoulle, Marchands de cuirs de la Marche en Auuergne, Defendeurs par Favre l'ayné, ſa partie Nous auroit preſenté Requeſte le vingt-troiſiéme Septembre dernier: Et en ſuite de l'aſſignation donnée aux Defendeurs, il nous auroit remonſtré, comme

Ii

il fait encores, que les Defendeurs conduifans cent cinquante-deux gros cuirs de bœuf tañez, fur neuf chars, tiré chacun char par deux bœufs, en intention d'aller trauerfer le Rhofne à Andance pour entrer dans le Dauphiné, & de là conduire lefdits cuirs en Sauoye, fans auoir payé les droicts d'entrée de Douane à Lyon; les Commis & Gardes generaux à cheual dudict Fermier, faifans leur cheuauchée le long de la riuiere du Rhofne, auroient rencontré lefdites marchandifes, defquelles ils auroient fait & dreffé leur Verbal, dont il demande la confifcation. Et fur ce noftre Sentence interlocutoire s'en feroit enfuiuie le vingt-quatriéme dudit, portant que les Defendeurs rapporteroient dans le mois certificat en bonne forme, des Officiers du lieu d'Aubuffon, que les marchandifes de queftion ont efté fabriquées audit lieu d'Aubuffon; comme auffi rapporteront certificat en bonne forme du Sieur Senefchal de la Prouince, ou fon Lieutenant general, & Procureur du Roy; que les Aydes ayent cours audit lieu d'Aubuffon; pour ce faict eftre pourueu aux Parties ainfi que de raifon: Et cependant, que main-leuée leur eftoit faite de

leurs

leurs marchandises ; & autres choses sur
eux saisies à caution : Et au lieu de satisfaire par lesdits Defendeurs à nostredit
Iugement, ils ont rapporté seulement deux
certaines pretenduës actes en forme d'enqueste, & non de certificats, & quatre
tesmoins desnommez en iceux : En l'vn
deposent qu'il ne se cueillit aucun vin audit pays, & que l'on paye à l'entrée d'iceluy
pour tous les tonneaux qui y entrent, vn
droict de Doüane, & six sols sur les cuirs
qui se fabriquent audit pays ; & en l'autre
que les cuirs auoient esté fabriquez audit
Aubusson ; lesquels deux actes n'on esté
faicts, suiuant le desir de nostre Iugement.
De consequent, ne peuuent auoir lieu, ny
ne deuons auoir aucun esgard à iceux : Si
la chose eust esté, que les Ayde eussent
cours audit Aubusson, ledit Sieur Seneschal, ou son Lieutenant general, & les
Officiers du lieu n'eussent manqué de bailler le certificat en forme : ce qu'ils n'ont
voulu faire sçachans le contraire, comme
il est tres-asseuré que les Aydes n'ont
point cours audit Aubusson : Il est porteur
d'vn Arrest de Nosseigneurs du Conseil,
de l'année mil six cens trente-quatre, par
lequel le Roy a ordonné la leuée des
droicts

droicts ſur toutes danrées qui ſortiront des Prouinces de Poiĉou & Berry, pour entrer en Limoſin, & autres Prouinces où les Aydes n'ont cours : Et encor vn Arreſt en la Cour des Aydes, qui ſert de prejugé en telle maniere, en datte du dix-neufuiéme Ianuier mil ſix cens trente cinq. Et puis que les Defendeurs n'ont rapporté des certificats en forme, & par faute d'auoir par eux ſatisfait à nôſtre Iugement, & quand meſme ils y auroient bien ſatisfaiĉ, ce que non ; Veu noſtre Sentence du depuis donnée, le quinzieme Octobre dernier, par laquelle inhibitions & defences ſont faites à tous Marchands qui feroient conduire leurs marchandiſes dans l'eſtenduë du Gouuernement, pour les porter en vne autre Prouince, de prendre la trauerſe : Au contraire, il leur eſt enjoint les faire conduire en droiture en cette Ville, pour y payer les droiĉs de Doüane accouſtumez, à peine de confiſcation de ladite marchandiſe, & de cinq cens liures d'amende. Souſtien, veu la contrauention par eux faiĉe aux Ediĉs & Ordonnances de Sa Majeſté, & des defences faites par les Sieurs Treſoriers de France en cette Generallté le trentiéme Aouſt mil ſix cens vingt-ſept,

&

&'à nostre susdite Ordonnance dudit jour quinziéme Octobre dernier, que lesdites neuf charrettes de cuirs, en nombre de cent cinquante-deux gros cuirs bœufs, & charrettes sur lesquelles ils ont esté trouuez, soient confisquez, & aux despens, par faute d'auoir voulu par eux payer les droits d'entrée de Doüane à Lyon, & les Cautions & Certificateurs prestez, contraints à la representation des choses saisies, ou payer la juste valeur d'icelles, A quoy il conclud : Favre l'ayné Procureur desdits Barraban & Bardesoulle, assisté dudit Barraban, faisant tant pour luy que ledit Bardesoulle : dit que lors de la plaidoyrie de la cause, qui fut faite deuant Nous le vingt-quatriéme Septembre dernier, & qu'ils obtindrent main - leuée prouisionnelle des cuirs,& autres choses saisies : Ils firent voir clairement que ladite saisie ne se pouuoit soustenir, & que ledit Fermier ne pouuoit pretendre la confiscation qu'il demande, non pas mesmes le payement du droict de Doüane, puis-que lesdits cuirs n'auoient esté amenez en cette Ville, n'y entrez dans le pays de Lyonnois, Les Ordonnances qui sont alleguées par ledit Fermier, ne seruans de rien au faict qui se presente : joint qu'el-

les

les n'ont esté publiées, ny affichées. Et fi bien les Deffendeurs ont esté chargez par noftre Sentence dudit jour vingt quatriéme Septembre dernier, de rapporter les atteftations du lieu d'où lefdits cuirs auoient esté amenez ; & comme ledit lieu eft en païs où les Aydes ont cours ; Il a esté fatisfait par les actes qu'il a en main des douze & quatorziéme Octobre dernier, qui ont esté monftrez & remis long-temps a audit Sieur de Chauanes ; & n'a ledit Fermier aucun fujet de dire que ladite atteftation du douziéme Octobre, faite en la ville de Gueret pardeuant le Sieur Prefident, & Lieutenant general en la Senefchauffée de ladite Ville, le Procureur du Roy prefent, n'eft pas conforme à noftre Iugement, puis qu'elle eft encor plus authentique, y ayant quatre Marchands notables qui ont attefté par-deuant lefdits Sieurs Officiers. Partant conclud aux fins abfolutoires cy-deuant prinfes, à la reuocation de ladite faifie, auec defpens, dommages & interefts, & defcharge pure & fimple des Sieurs Pierre & Eftienne Romanet leurs cautions. Maiftre Iacques Proft Confeiller du Roy, Aduocat pour le Procureur dudit Seigneur, de luy affifté, dit qu'il s'agift de fçauoir

ſi les marchandiſes ſaiſies, & dont eſt queſtion, doiuent Doüane, & eſtoient obligées à l'entrée dans ce Gouuernement de
les venir acquitter en cette Ville; Les
Defendeurs ſouſtindrent le vingt-quatriéme
me Septembre dernier, que la ſaiſie ſur
eux faite ne ſe pouuoit ſoûtenir, & qu'ils
n'auoient pas eſté obligez d'amener & faire
conduire leurs marchandiſes en cette Ville pour y acquiter les droicts, d'autant que
pour icelles ils n'en doiuent aucuns, puiſ
qu'au lieu d'Aubuſſon en la Prouince de la
Marche, d'où elles eſtoient & où elles
auoient eſté appreſtées, toutes Aydes &
ſubſides y auoient cours, eſtoient eſtablies
& payées, qu'ils les auoient venduës à des
Marchands regnicoles du Royaume, & y
doiuent eſtre conſommées : D'ailleurs,
qu'elles n'eſtoient entrées dans la Prouince de Lyonnois, auquel cas ſeulement le
Demandeur peut pretendre les droicts, &
ſeroit bien fondé en la confiſcation qu'il
demande : Au contraire, le Fermier ſou-
ſtint qu'és Prouinces de la Marche &
Auuergne, d'où les marchandiſes ſaiſies
eſtoient ſorties les Aydes n'auoient point
cours. De conſequent, qu'eſtans voicturées
dans ce Gouuernement, où toutes Aydes

ont

ont cours & se payent, elles n'en auoient
peu estre tirées, que prealablement elles
n'eussent acquittez les droicts au Bureau
de cette Ville: ce que n'ayant pas fait, elles
auoient peu estre saisies : outre qu'elles
estoient destinées pour estre consommées
hors le Royaume. Quoy que soit, dans la
Prouince de Dauphiné, en laquelle semblablement les Aydes n'ont cours, & qu'il
ne falloit point faire de difference d'entre
la Prouince de Forests & celle de Lyonnois, puis qu'elles estoient d'vn même Gouuernement, & subjettes à mesmes droicts.
Surquoy Nous aurions ordonné que les
Deffendeurs rapporteroient dans vn mois
certificat en bonne forme, des Officiers du
lieu d'Aubusson, que les marchandises de
question eussent esté fabriquées audit lieu
d'Aubusson : Ensemble autre certificat du
Seneschal de la Prouince, ou son Lieutenant General, & Procureur du Roy, que
les Aydes eussent cours audit lieu d'Aubusson, pour ce fait estre pourueu aux Parties,
ainsi que de raison : Et cependant, main-
leuée ausdits Deffendeurs de leurs marchandises & autres choses sur eux saisies,
aux cautions par eux prestées. Depuis les
Deffendeurs ont en execution de nostre

Iugement, rapporté lesdits certificats, atteſté par aucuns Marchands des lieux ; par leſquels appert que les marchandiſes de queſtion ont eſté appreſtées au lieu d'Aubuſſon Prouince de la Marche, que ſur chaque tonneau de vin qui entroit en icelle, & ſur les cuirs, eſtoit leué certain droict pour le Roy : Mais quand il paroiſtroit entierement, qu'audit lieu toutes ſubſides fuſſent payées : Toutesfois, la volonté du Roy eſtant, que les marchandiſes qui paſſent dans l'eſtenduë de ce Gouuernement, de quel païs qu'elles viennent, ſoient à droicture conduittes en cette Ville, pour y acquitter les droicts : Il s'y faut tenir, & deffendre aux Marchands d'y contreuenir d'oreſnauant, aux peines portées par les Arreſts de Sa Majeſté, donnez ſur ce ſubjet. Et bien qu'en la ville de Paris toutes Aydes ſe payent : Ce neantmoins Iean Poignan Marchand de ladite Ville, faiſant conduire des marchandiſes en la ville de Marſeille, & trauerſant ce Gouuernement, ſans paſſer en cette Ville pour y acquitter les droicts, fut arreſté & condamné par noſtre Senten
ces du quinziéme Octobre dernier, à payer les droicts de Douane, auec deffences à luy, & à tous autres Voicturiers de par cy-apres

prendre

prendre la trauerſe : ains venir à droicture en cette ville, & y acquitter les droicts, à peine de confiſcation de leurs marchandiſes, amende, deſpens, dommages & intereſts. Ainſi, puiſ-que ce Iugement n'a eſté rendu & publié que poſterieurement à la ſaiſie de queſtion, laquelle a eſté faite en vn temps que cette ville eſtoit atteinte de mal contagieux. Il eſcheoit ſeulement de condamner le deffedeurs à payer, ſi fait n'a eſté, les droicts accouſtumez pour raiſon des marchandiſes ſaiſies, auec les fraiz de la capture : Ce fait, main-leuée pure & ſimple à eux faite, des manrchandiſes, & autres choſes ſur eux ſaiſies, les cautions & certificateur preſtées, deſchargées : Et neantmoins deffences à eux, & à tous autres Marchands, qui feront conduire leurs marchandiſes dans l'eſtenduë de ce Gouuernement, pour les porter en autre Prouince, de prendre la trauerſe : ains enjoint de les faire conduire à droiture en cette ville pour y payer les droicts accouſtumez, à peine de confiſcation, & de l'amende, conformément à noſtre Iugement du quinziéme Octobre dernier, lequel ſera ponctuellemět executé, & paſſé outre, nonobſtant oppoſitions ou appellations quelconques, & ſans

       preju

prejudice d'icelles, comme deſſus: Ouys les Parties en leurs plaidez & remonſtrances; ledit Sieur Procureur du Roy, & veu les pieces par eux articulées; Tout conſideré:

IL EST DIT, Que main-leuée eſt faite des marchandiſes ſaiſies, en payant les droiɛts accouſtumez, & encores la ſomme de vingt liures pour les fraiz de la capture, ſi fait n'a eſté. Et neantmoins deffences ſont faites auſdits deffendeurs, & à touſ autres Marchands, qui feront conduire leurs marchandiſes dans l'étenduë de ce Gouuernement, pour les porter en autre Prouince, de prendre la trauerſe; Ains leur eſt enjoint les faire conduire à droiɛture en cette Ville, pour y payer les droiɛts accouſtumez, à peine de confiſcation, & de l'amende, conformément à noſtre jugement du quinziéme Octobre dernier; Les cautions & certificateur par eux preſtées, deſchargées, & paſſé outre, nonobſtant oppoſitions ou appellations quelconques: Et ſans prejudice d'icelles. FAIT audit Bureau, le Mercredy vingt-quatriéme jour du mois de Nouembre mil ſix cens trente-huiɛt. Signé, DE MERLE, PIANELLO, LANGLOIS, CROPPET, & PVGET Procureur du Roy. Et BLACHE, Greffier.

AVTRE SENTENCE DON-
née par Messieurs les Iuges de ladite
Doüane de Lyon, le 24. Nouembre 1638.

ES IVGES DE LA DOYANE à Lyon, assemblez au Bureau d'icelle, pour les affaires de sa Majesté : Sçauoir faisons, que le jour & datte des presentes, comparant pardeuāt Nous audit Bureau, Maistre Pierre Viallier Procureur de Maistre Noël Depars, Fermier General des cinq grosses Fermes de France, la Doüane dudit Lyon comprise ; assisté de Maistre Iean de Chauanes, Controolleur general en ladite Doüane : Novs a dit & resmonstré, qu'encores que les Marchands & Voicturiers soient astraints de faire passer par cette ville de Lyon, les marchandises originaires de ce Royaume, qu'ils veulent transporter és pays de Sauoye, Dombes, Franche-comté, Geneve, Suisse, Allemagne, & autres païs Estrangers, pour y payer les droicts de Doüane : Ce neantmoins, cette Assemblée n'est importunée que des requisitions qu'il nous est contraint faire journellement sur les contrauentions desdits Marchands, qui se preualent, en faisant naistre quelque pretexte d'excuse, éstans attrapez en ce forfait, d'obtenir la main-leuée de leurs marchandises, en payant simplement les droicts qu'il doiuent legitimement, & qu'ils auoiét voulu éuiter par les trauerses qu'ils prennent pour ne passer en cette Ville, & y acquiter lesdits droicts. Ce qui estoit tollerer la volonté que lesdits Marchands & Voicturiers auoient, en ce faisant, de fruster les droicts de sa Majesté: Au lieu de leur faire souffrir la peine qu'ils auoient encouruë, & encouroient tous les jours, suiuant les Arrests du Conseil de sadite Majesté, Iugemés rendus, tant par les Sieurs Presidens & Tresoriers Generaux de France en cette Generalité, que par Nous au Bureau de cette Doüane, deuëment publiez & affichez: Car en effect, par l'Arrest du Conseil, du vingt-quatriéme Mars mil six cens & trois, publié & affiché où besoin auoit esté, par Bigaud Huissier, le neufuiéme Fevrier mil six cens & douze: Et ladite publication reiterée par Denauzieres aussi Huissier, le cinquiéme du present mois; Il auroit esté ordonné ausdits Marchands & Voicturiers

qui

qui voudroient faire transporter des marchandises originaires de ce Royaume, és
susdits païs Estrangers, de les faire passer
en cette Ville, pour y payer les droicts de
Doüane, à peine contre chacun des contreuenans, de confiscation de leurs marchandises, cheuaux, charrettes, mulets,
batteaux, & d'amende arbitraire, soubs
lesquelles peines encor, lesdits Sieurs Presidens & Tresoriers generaux de France
au Bureau de cette Generalité, auroient
expressément defendu ausdits Marchands
& Voicturiers, conduisans, & faisans conduire des marchandises, de les faire passer
ailleurs qu'en cette ville de Lyon, & au Bureau de de la Doüane, pour y estre veuës
& visitées, payer & acquiter les droicts par
leur Sentence du dernier Aoust mil six cens
vingt-sept, conformément ausquels Arrests
du Conseil, & Iugemet susdit, par nostre
Sentence du quinziéme Octobre dernier,
renduë entre luy Demandeur, & Sieur Iean
Poignan Marchand de Paris, Defendeur
& contreuenant, En ce qu'au lieu de venir
à droicture en cette Ville, auec ses marchandises qu'il voulois conduire à Marseille, il les auroit fait prendre la trauerse
par le Forests, Nous aurions ordonné qu'in-

hibitions

hibitions & defences estoient faites à tous
Marchands, qui feroient conduire leurs
marchandises dans l'estenduë de ce Gouuernement, pour les porter en autre Prouince, de prendre la trauerse, ains leur
auroient enjoint de les faire conduire directement en cette Ville, pour y payer les
droicts accoustumez, à peine de confiscatió,
de cinq cens liures d'amende, & autre plus
grandé s'il y escheoit. Et afin que nul n'en
pretendit cause d'ignorance, que nostre
jugement seroit publié & affiché en cettedite Ville, & autres lieux & endroicts où
lesdits Marchands pouuoient prendre la
trauerse. Ce qui auroit esté fait par ledit
Denauzieres Huissier, le cinquiéme du
present mois; Si bien que maintenant il
ne falloit plus douter que ceux qui se trou-
ueroient auoir enfrain lesdits Arrests du
Conseil & susdit jugement, n'en couru-
sent les peines y conuenuës : Et les Sieurs
Thibaud & Defaye Marchands de Paris,
ne s'en peuuent excuser. OR EST-IL,
qu'il estoit donc certain que les quatre bales saisies par Maistre Anthoine Saunier,
Controolleur & Garde à Cheual de ladite Doüane, au lieu d'Oulins, distant
de cette ville de Lyon d'vne lieuë seule-

ment

ment, Ensemble le chariot & quatre cheuaux qui les trainoient, estoient sujets à confiscation : car en toutes façons il paroissoit
qu'ils n'auoient autre dessein, que d'éuiter
le passage de cette Ville, & frauder par ce
moien les droicts deubs à sa Majesté. Et premierement, il paroissoit par la lettre de
voicture que lesdits Sieurs Thibaud & de
Faye enuoyoient aux Sieurs Aymond, Raymond & Arthaud, lesdites quatre bales
marchandise, marquées des Numero, &
marques y contenuës, par la conduitte de
Michel Giroud, auquel ils auoient donné charge de les conduire au port de Pierre Beniste, où lesdits Sieurs Aymond, Raymond & Arthaud, les receuroient, lesquels vray semblablement auoient procu-
ré que laditte conduite eust esté ainsi or-
donnée : qui auroit occasionné le demandeur de Nous presenter requeste le dix-
huictiéme du present mois : Et en vertu
de nostre Ordonnance, les faire assigner
pardeuant Nous, pour voir adjuger la confiscation desdites quatre bales marchandises, charriot & cheuaux, & se voir condamner en l'amandé contre eux indicte,
& aux despens, pour auoir contreuenu
ausdits Arrests & Ordonance, & fait pas-

C 5

ser

ser lesdites marchandises à la trauerse, par
voyes obliques, & destournées pour s'e-
xempter du payement des droicts de Doüane deubs au Roy : Et ledit Demandeur
n'estime pas que contre ladite saisie il y
ait aucune chause à dire, ny que lesdits
Defendeurs puissent éuiter la peine qu'ils
ont merité. Conclud partant ledit Demandeur, à ce que les fins & conclusions prinses par luy en sa requeste, luy soient faites
& adjugées, auec despens, dommages, &
interests de l'instance. Adjoustant que si
bien y a plus de deux mois, il permit au deffendeur de faire conduire quelques marchandises au port de Pierre Beniste, sans les
faire passer par cette Ville, c'estoit à cause
de la maladie contagieuse; laquelle cause
cesse à present, puis-que par la grace de
Dieu, cette Ville n'en est plus affligée. Oüy
sur ce Maistre Favre l'ayné Procureur des
Sieurs Louys Aymond, Henry Raymond,
& Iean Arthaud, Marchands de cette Ville,
deffendeurs ; Qui a dit que les marchandises saisies ne leur appartiennent pas, ains à
Sieur Ioseph Renaud, Marchand de la ville de Thurin en Piedmont, leur amy, pour
lequel l'adresse leur en a esté faite. Et de
consequent, ledit Fermier l'a deub action-
ner,

net aux fins de sa requeste, & non pas eux.
Mais puis qu'il est absent, soustiennent
pour luy, que la saisie dudit Sieur Fermier
ne se peut soustenir, nonobstant toutes les
pretenduës Ordonnances qui sont alleguées de sa part : Car à cause de la conta-
gion dont cette Ville a esté affligée puis le
mois de Iuin dernier, qui a donné sujet à la
contestation dont s'agit: ledit Sieur Renaud
& Compagnie ne pouuans faire passer par
cette Ville les marchandises qu'ils faisoient
venir de Paris, parce qu'elles n'ussent pas
esté receuës en Piedmont, ny mesme encor
à present, sans faire vne exacte quarantaine : Il auroit traité auec ledit Fermier, &
l'auroit payé des droicts de Doüane en la
ville de Paris, pour des marchandises qu'il
auroit fait passer en ce païs, & trauerser le
Rhosne à Pierre Beniste : Depuis ledit Fermier, ou ledit Sieur de Chauanes, Intendant de la Doüane de cette Ville, ayant
fait entendre qu'il desiroit que les droicts
des autres marchandises qui seroient conduites audit lieu de Pierre Benite, fussent
payez en ce Bureau, lors que les marchandises furent arriuées audit lieu de Pierre
Beniste, ledit Sieur de Chauanes en fut par
eux aduerty, & y ayant enuoyé vn Commis,

mis, sur le rapport qu'il fit, les droicts du Roy furent payez, ensemble ceux du tiers de la Ville; & ainsi en eust esté vsé pour les marchandises dont s'agit, si ledit Fermier n'eust vsé de precipitation, les ayant fait saisir au lieu d'Oullins, esloigné d'vne grande demy lieuë dudit lieu de Pierre Beniste. Ayant par cette saisie injurieuse osté le moyen d'estre aduery de l'arriuée desdites marchandises audit lieu de Pierre Beniste: Et d'alleguer qu'il y a eu jugement posterieur aux precedentes voictures, par lequel il est enjoint conduire en cette ville de Lyon, les marchandises venans de Paris, & autres endroits de France : Cela ne peut nuire, puisque ledit Fermier a esté chargé de faire publier & afficher ladite Ordonnance. Ce qui n'auroit esté fait, sinon le cinquiéme jour du present mois de Nouembre, auquel temps les marchadises saisies estoient en chemain, comme se void par la lettre de voicture, dont ledit Sieur de Chauanes, ou ses Commis, se sont saisis : à quoy sera adjousté, que la pluspart desdites marchandises ont ja payé tous les droicts d'entrée au Royaume, ainsi qu'il se void par l'acquit qu'il a en main, en sorte qu'elles ne doiuent aucuns droicts de Doüane : &

celles

celles qui n'onc payé, ne doiuent que fort
peu de chose, qui fait bien voir que l'on
n'a eu aucune intention de frauder. C'eſt
pourquoy, joint l'offre de payer les droicts
de Doüane & le tiers de la Ville, des marchandiſes qui n'auroient pas payé. Soûtient
qu'ils doiuent eſtre renuoyez abſous, & ladite ſaiſie reuoquée auec deſpens, dommages & intereſts, Toutes leſdites marchandiſes renduës ; & ceux qui en ſont ſaiſis, contraints à la reſtitution, nonobſtant oppoſitions ou appellations quelconques, &
ſans prejudice d'icelles. Maiſtre Iacques
Proſt Conſeiller du Roy, Aduocat pour le
Procureur dudit Seigneur, de luy aſſiſté, dit
qu'il eſt vray que les Marchands taſchent
tant qu'ils peuuent d'échaper le payement
des droicts qu'ils doiuent à ſa Majeſté, pour
les marchandiſes qu'ils negotient ; par le
moyen des détours qu'ils font prendre aux
Voicturies, en éuitant le paſſage de cette
Ville. Il eſt auſſi vray que Nous auons pourueu à cela par noſtre Iugement du quinziéme Octobre dernier, en ſuite des Arreſts de ſa Majeſté, en ce que nous auons
enjoint aux Marchands conduiſans des
marchandiſes dans l'étenduë de ce Gouuernement, pour les porter en autre Prouince,

uince, de les faire paſſer par cette Ville, &
non ailleurs, pour y payer les droicts accouſtumez ; auec defences auſdits Marchands, de par cy-apres prendre la trauerſe, à peine contre les contreuenans de confiſcation de leurs marchandiſes, & autres
choſes, cinq cens liures d'amande, & plus
grande ſomme s'il y écheoit : Et afin que
perſonne n'ignorat la teneur de noſtre jugement, qu'il ſeroit publié par tous les lieux
de cette Ville, & autres endroits où leſdits
Marchands & Voituriers peuuent prendre la trauerſe: Ce qui ſuffit pour contenir
leſdits Marchands dans leur deuoir ; Et s'il
paroiſſoit que les Deffendeurs euſſent en-
trepris la voicture des marchandiſes de queſtion, poſterieurement à la publication de
noſtre jugement, & qu'ils euſſent eu deſſein
en éuitant le paſſage de cette Ville, de frauder les droicts deubs à ſa Majeſté, Ils auroient encouru les peines de noſtre jugement, & ne s'en ſçauroient redimer. Mais
ils dient que de la pluſpart de leurs marchandiſes n'eſt deub aucune choſe, pour
auoir payé les droicts à l'entrée du Royaume; Et pour les autres, qu'ils ne doiuent
que fort peu de choſe; & que pour ce, ceux
à qui elles appartiennent, en auoient trai-
cté

été auec le Fermier, pour les exempter de
passer par cette Ville, à cause du soupçon
de la maladie contagieuse qui y regne. A
quoy il y a quelque apparance, puis que ledit Demandeur en demeuré en quelque
façon d'accord ; & que d'ailleurs, lors de
la publication de nôtre Iugement, les marchandises estoient en chemin, & ne sça-
uoient rien lesdits Defendeurs d'iceluy :
N'ayant esté publié en cette Ville que le
cinquiéme du present mois, & és lieux où
les trauerses se prennent, seulement depuis
le huictiéme jusques à ce jourd'huy, & mesmes ladite publication n'est pas entierement paracheuée, tellement qu'il ne se
void pas qu'il y ait lieu d'ordonner la confiscation: Estime que main-leuée doit estre
faite aux Defendeurs des marchandises de
question sur eux saisies, en payant les
droicts accoustumez; Ensemble les frais
de la capture. Et neantmoins puis que
c'est la volonté du Roy, & le bien public de cette Ville ; Il requiert à ce que
nostredit Iugement du quinziéme Octobre dernier, soit ponctuellement executé,
& passé outre, nonobstant oppositions ou
appellations quelconques, & sans prejudice d'icelles. ET VEV par Nous le verbal

bal & saisie des marchandises de question,
en quatre balles, chargées sur vn charriot,
attelé de quatre cheuaux, fait au lieu d'Oullins, par Saunier Controolleur & Garde
general à cheual de la Doüane, du quatorziéme du present, de luy signé. Requeste à
Nous presentée par ledit Demandeur le
dix-huictiéme dudit, tendant à confiscation desdites marchandises, & condamnation d'amende, despens, dommages & interests, signées de Chauanes. Nostre Ordonnance au bas, signée, de Seue : Ensemble l'exploict d'assignation baillé aux Deffendeurs, par Duboys Sergent Royal,
Nostre Sentence du quinziéme Octobre
dernier, renduë entre le Fermier Demandeur, & sieur Iean Poignan, Marchand de
Paris, Deffendeur : Par laquelle Nous aurions fait inhibitions & deffences à tous
Marchands, qui feroient à l'advenir conduire leurs marchandises dans l'estenduë
de ce Gouuernement, pour les porter en
autre Prouince, de prendre la trauerse,
auec injonction de les faire conduire à droicture en cette Ville, pour y payer les droicts
accoustumez, à peine de confiscation de la
marchandise, de cinq cens liures d'amende, & plus grande s'il y escheoit : Et afin
que

que personne n'en pretendit cause d'ignorance, que noſtre Iugement ſeroit leu, publié, & affiché en cette ville, és lieux accouſtumez : Et encores és lieux de Roüane,
& autres endroits & paſſages où l'on peut
prendre la trauerſe & paſſer outre, nonobſtant oppoſitions ou appellations quelconques, & ſans prejudice d'icelles. Exploict
de publication de noſtredite Ordonnance,
és lieux accouſtumez & carrefours de cette
ville, du cinquiéme du preſent mois. Autre
exploict de publication d'icelle, fait aux
lieux de la Tour, bourg de Larbreſle, Tarare, Roüane, & autres lieux, des huict, neuf,
dix, & autres jours ſuiuans dudit preſent
mois de Nouembre, le tout ſigné Denauziere Huiſſier. Billet d'acquit pour vn pac-
quet, contenant quantité de toiles, Nᵒ neuf,
fait au Bureau de Picardie, eſtably à Calais,
du ſixiéme Octobre dernier, ſigné Dal-
mas. Lettre de voicture, eſcrite à Paris le
vingt-cinquiéme Octobre dernier, par les
Sieurs Thibaud & Defaye, aux Deffendeurs, Marchands en cette ville, à Pierre
Beniſte, de l'enuoy de quatre balles, peſans
quatorze cens cinquante liures, par la
conduite de Michel Giroud : tout conſideré,

IL EST DIT, apres qu'il Nous est apparu que nostre Iugement du quinziéme Octobre dernier, n'a esté publié que le cinquiéme du present, Que main-leuée est faite aux Deffendeurs, des marchandises saisies, en payant les droicts accoustumez, & encores la somme de dix liures pour les fraiz de la capture : Et neantmoins leur est enjoint de faire passer à l'aduenir leurs marchandises en cette Ville, conformément à nostre Iugement dudit jour quinziéme Octobre dernier, & aux peines y contenuës ; & passé outre, nonobstant oppositions ou appellations quelconques, & sans prejudice d'icelles. FAIT audit Bureau, le Mercredy vingt-quatriéme Nouembre mil six cens trente-huict. Signé, DE MERLE, PIANELLO, LANGLOIS, I. P. CROPPET, & PVGET Procureur du Roy. Et BLACHE Greffier.

SENTEN

SENTENCE,

PAR LAQVELLE L'ON A confisqué trois charges de Marchandises sur Iean Catte, qui les menoit à la trauerse pour Dauphiné, & ce faute d'auoir payé les droicts de Doüane.

LES IVGES de la Doüane à Lyon, assemblez au Bureau d'icelle pour les affaires de Sa Majesté : Sçauoir faisons, que sur ce que Maistre Pierre Viallier Procureur de Maistre Noël Depars Fermier general des cinq grosses Fermes de France, la Doüane de Lyon y comprise, assisté de Maistre Iean de Chauanes Controolleur general de laditte Doüane, Nous à dit & remonstré, que par plusieurs de nos Iugemens, entre autres par celuy du quinziéme Octobre mil six cens trente-huict, Nous auons fait defences à tous Marchands & Voicturiers qui feront entrer leurs marchandises dans ce Gou-

 uernement

uernement, pour les conduire en vne autre
Prouince, de prendre la trauerse, ains
leur est enjoint de les amener en droiture en cette Ville pour y payer les droicts
de Doüane accoustumez, à peine de confiscation desdites marchandises, & de cinq
cens liures d'amende. Lequel Iugement
a esté leu, publié à son de trompe, cry
public, & affiché tant és lieux accoustumez en cette Ville, que és Villes & Bourgs
de la Prouince par où les Marchands pourroient prendre la trauerse, afin qu'ils n'en
puissent pas pretendre cause d'ignorance,
dés le mois de Nouembre dernier. Nonobstant lesquelles defences, la meilleure
part des Marchands ne laissent de continuer à faire passer leurs marchandises par
la trauerse, pour s'exempter du payement
des droicts de ladite Doüane, & entre autre Iean Catte, de Giuaudan, lequel estant
rençontré au grand chemin qui va de
Bourg Argental en Andance, par les Gardes à cheual dudit Fermier le trentiéme
May dernier, auec trois mulets chargez de
six bales cadis du Puy, ou dudit Giuaudan, pour les faire conduire en Dauphiné, ainsi qu'il a recognu, & comme il appert par l'acquit de la Doüane de Valence,

pris

pris au Bourg Argental ledit jour trentiéme
May ; ils l'auroient arresté auec lesdits mulets & marchandises, & iceux fait conduire
en cette Ville, par faute d'y estre venus payer lesdits droicts de Douane, ainsi qu'il
se void par le procez verbal de saisie desdits Gardes à cheual, soustenant ledit Viallier que la saisie est bonne & valable, &
que pour auoir contreuenu par ledit Catte
à nos precedens Iugemens, les six balots
marchandises, auec les trois mulets sur
lesquels ils estoient chargez, seront declarez acquis & confisquez au Roy, & luy
condamné d'amende, pour auoir fait entrer sa marchandise en ce Gouuernement
pour la faire porter en Dauphiné, sans au
prealable estre venu à Lyon pour y payer
lesdits droicts de Douane. Mellier Procureur & assisté dudit Catte, à dit que sa
Partie estant du lieu de Giuaudan, & ayant
voulu entreprendre de negocier quelques
marchandises & draps dudit pays, & en
faisant conduire trois charges sur trois mulets au pays de Dauphiné, passant au lieu
du Bourg Argental en Forests, il y auroit
acquité les droicts de Douane de Valence,
ainsi que de ce resulte par le billet qu'il à
en main du trentiéme May dernier, signé

D 3   Boullioud

Boullioud pour le sieur Rochette Commis,
& payant ledit droict de Doüane de Valence, il n'a creu qu'il en fût deub aucun
autre, ne luy ayant esté demandé;Et quant
à nos pretendus jugemens non plus que
des publications, affiches d'iceux ausdits
lieux du bourg Argental, Saint Iulien, &
ailleurs, ainsi que le propose ledit Viallier,
n'est venu à la connoissance dudit Defendeur, n'ayant jamais eu intention de frustrer les droicts du Roy; neantmoins sor-
tant dudit Bourg Argental,les Gardes de
la Doüane de cette Ville luy auroit saisi ses trois charges de marchandises & les
trois mulets, & luy firent commandement
de venir deuant Nous,sur lequel il y a obey;
Et souftient,apres l'offre qu'il fait de payer
les droicts de Doüane, que main leuée luy
doit estre faite,& ses mulets & marchandises renduës auec despens, dommages &
interests, & despens de son sejour; A quoy
il conclud.

Me Iacques Prost Conseiller du Roy,
Aduocat pour le Procureur dudit Seigneur,
de luy assisté, dit que sur semblables difficultez, diuerses nos Ordonnances sont in-
teruenuës,& entr'autres le 15.Octobre dernier, par lesquelles aurions ordonné entre
autre

autre chofe , qu'inhibitions & deffences
eftoient faites à tous Marchands, qui feroient conduire leurs marchandifes dans
l'eftenduë de ce Gouuernement, pour les
porter en autre Prouince, de prendre la trauerfe, ains leur aurions enjoint de les faire
conduire en droicture en cette ville, pour
en payer les droicts accouftumez, à peine
de confifcation de ladite marchandife, &
de cinq cens liures d'amende, & autre plus
grande s'il y efcheoit , lefquelles auroient
efté publiées & affichées en cette ville aux
lieux accouftumez , & encores au Bourg
Argental, Saint Iulien, & autres endroits
& paffages où l'on peut prendre la trauerfe; & ayant ledit Deffendeur contreuenu
à nofdits Iugemens, eftime que les marchandifes faifies, doiuent eftre declarées
acquifes & confifquées au Roy , en confequence de ce, venduës au plus offrant &
dernier encheriffeur, le prix en prouenant,
delivré le tiers au denonciateur, le furplus
au Fermier en fuite de fon Bail, les fraiz de
Iuftice par vn prealable leuez. Et fur le dif-
ferent cy-deuant né entre le Receueur du
Domaine & le fufdit Fermier, pour le maniement de femblables deniers que ceux
de queftion, attendu l'Arreft du Confeil

du neufviéme Iuillet mil six cens trente-
trois, renuoyer tant ledit Receueur que
Fermier au Roy & à Nosseigneurs de son
Conseil, pour leur estre pourueu selon son
bon plaisir, & passer outre nonobstan oppositions ou appellations quelconque &
sans prejudice d'icelles. VEV par Nous le
procez verbal & saisie des marchandises de
question en six balles cadis, chargées sur
trois mulets, fait sur le grand chemin qui
conduit dudit Bourg Argental à Andance,
par Beau, Geoffrenet & Saunier, Controol-
leurs & Gardes generaux à cheual de la
Douane, du trentiéme May dernier, d'eux
signé, contenant assignation donnée audit
Catte Deffendeur, Et tout consideré, IL
EST DIT que les marchandises saisies,
sont declarées acquises & confisquées au
Roy, en consequence, Ordonné qu'elles
seront venduës au plus offrant & dernier
encherisseur, & le prix en prouenant, deliuré le tiers au denonciateur, le surplus au
Fermier en suite de son Bail; les fraiz de
Iustice par vn prealable leuez. Et en faisant
droict sur le diferent cy-deuant né entre
le Receueur du Domaine & le susdit Fermier, pour le maniement de semblables
deniers que ceux de question, tant ledit

Receueur

Receueur que Fermier se pouruoiront au Roy & à Nosseigneurs de son Conseil, pour leur estre pouruëu selon son bon plaisir & volonté, & passé outre nonobstant oppositions ou appellations quelconques, & sans prejudice d'icelles. FAIT dans le Bureau de ladite Doüane le troisséme jour de Iuin mil six cens trente-neuf. Signé, Dugué, Murat, Langlois, Croppet , & Puget Procureur du Roy.

Prononcé à Maistre Viallier Procureur dudit Depars Fermier & Demandeur, assisté dudit sieur de Chauanes , & à Maistre Mellier Procureur dudit Catte, de luy assisté; qui a dit, qu'il proteste de se pouruoir. Acte, les an & jour que dessus. Espices douze escus.

SENTENCE DES IVGES

de la Doüane de Lyon, Portant confirmation de l'Ordonnance par eux renduë le 27. Iuin 1644. concernant les factures, ou declarations que les Marchands sont obligez de donner auant l'ouuerture des Balles, Caisses & Fardeaux.

LES IVGES & Commissaires deputez par Sa Majesté pour la Doüane de Lyon : Sçauoir faisons, qu'estans au Bureau de ladite Doüane, s'est presenté Maistre Favre l'aisné Procureur pour les Marchands & Negocians de cette ville de Lyon, qui Nous a dit, que par sa Requeste du vingt-vniéme de ce mois, qui est signée de bon nombre d'iceux, qui sont cy-presens. Il Nous auroit representé, que de tout temps dans l'exercice & fonction de leur negoce ils auoient fait, & faisoient venir des marchandises de diuerses natures des Prouinces tant de ce Royaume qu'estrangeres, lesquelles ils faisoient conduire

par

par terre, & par les riuieres de Loire &
Saone en cettedite Ville, où elles estoient
deschargées & consignées au Bureau de la
Doüane à la maniere accoustumée, dont
elles estoient retirées par lesdits Marchands
ausquels elles appartenoient, en payant les
droicts du Roy & autres, suiuant les Tarif-
fes dressées à cét effect, neantmoins puis
quelque temps en-çà le Fermier de ladite
Doüane, ou quoy que soit, ses Commis, s'e-
stoient ingerez de vouloir forcer les Marchands & Negocians de rapporter leurs
factures, declarer & certifier par leur escrit & signature au bas d'icelles, que les
marchandises specifiées esdites factures
estoient les mesmes contenuës dans les balles qui auoient esté consignées. Voulans de
plus, que lesdites declarations contiennent
la qualité, quantité, nombre & poids des
marchandises desdites balles, caisses ou balots; apres lesquelles declarations ledit Fermier entendoit faire ouuerture d'icelles
pour en faire la reconnoissance, & perceuoir ses droicts, comme apparoissoit par
la response qu'auoit fait Maistre François Pourfour Commis general de ladite
Doüane, à la sommation à luy faite à la
requeste du sieur Prost Marchand audit
Lyon,

Lyon, du douziéme Octobre dernier, se
fondant sur vne pretenduë Ordonnance
du vingt-septiéme Iuin aussi dernier, par
Nous renduë à sa seule requisition, sans
que les Demandeurs fussent ouys; Que si
elle auoit lieu, ce seroit vne innouation tres
prejudiciable ausdits Negocians, outre que
ledit Fermier s'en seruiroit comme d'vn
piege à surprendre tous ceux qui auroient à
retirer des bales, fardeaux ou caisses de ladite Doüane, sans que de la part d'iceux
Negocians y eust aucune faute, mais ils
courroient diuers rencontres de souffrir
des confiscations, par le defaut des Marchands & Commissionnaires qui leur en-
uoyent lesdites marchandises, & par leurs
Seruiteurs & facteurs qui pourroient faire
des fautes aux factures dans les embalages,
mesmes en la marque desdites bales, qui
pourroit estre mise sur l'vne pour l'autre,
ainsi qu'il arriue souuent; outre qu'iceux
Negocians seroient responsables des frip-
ponneries qui leur pourroient estre faites
en chemin, ouurans les bales pour y mettre
des choses qui pourroient causer la confiscation; Que si cette nouueauté auoit lieu,
il se pourroit faire que dans les propres
Magasins de ladite Doüane, les bales pour-

roient

roient y receuoir de l'alteration pour mettre lefdits Marchands en faute, & plufieurs
autres inconueniens, qui n'eftans preue-
nus, pourroient arriuer, au grand prejudice du commerce; Que ledit Fermier pour
vexer dauantage lefdits Negocians, vouloit auffi contraindre les Voicturiers de declarer fpecifiquement toutes les marchandifes de leur conduite, en tous les Buraux
anciens & nouueaux que ledit Fermier
auoit eftably à la foule & charge defdits
Negocians & Voicturiers, & en fuite auoit
fait arrefter au Bureau de Chaflon fur
Saôfne le quinziéme dudit mois d'Octobre
quatre bales, caiffes ou valizes, qu'ils auoient
ouuertes & inuentoriées en gros le contenu d'icelles, ayant contraint Iean Barus
Voicturier d'en faire la configne audit Bureau, comme il Nous apparoift par ledit
inuentaire & acquict des Commis dudit
Bureau; Ce que ledit Fermier ne pouuoit
ny deuoit faire, parce que telles declarations ne doiuent eftre faites qu'aux Bureaux des entrées du Royaume pour les
marchandifes eftrangeres, & non ailleurs,
ainfi qu'eft porté par exprés par Edict de
l'année mil cinq cens quarante, par lequel les Voicturiers par la riuiere de Saof-

ne

ne, font obligez auant qu'entrer en cétte
Ville par la Chaine, de faire la configne
des marchandifes de leur conduite au Bureau de cette Doüane, ne pouuant ledit
Fermier faire voir que l'on euft jamais vfé
autrement, ny mefmes que par fon Bail
il y euft pouuoir d'eftablir telle nouueauté,Lequel Fermier,au prejudice des Edicts,
fe faifoit encor payer fur les marchandifes Eftrangeres, à l'entrée du Royaume,
des grands droicts, à quoy lefdits Marchands n'eftoient tenus, ains feulement de
declarer comme dit eft, és Bureaux des
entrées du Royaume, la qualité des marchandifes des bales qui y arriuoient, illec
prendre acquit à caution pour payer les
droicts deubs pour lefdites marchandifes,
au Bureau de cettedite Doüane;Que neantmoins ledit Fermier n'a laiffé d'exiger &
faire payer és Bureaux d'Ingrande & Torcy, & entrée de ce Royaume, des grands
droits fur les marchandifes Eftrangeres qui
y paffoient pour venir defcharger en cettedite Doüane, fans que pour ce il voulut
faire aucune reftitution ny deduction aux
Marchands, lors qu'ils retiroient & acqui-
toyent leurfdites marchandifes,& en auoit
efté refufant ainfi qu'ils Nous apparoiffoit

soit par vn acte de sommation, faite à la requeste de sieur Pierre Clement audit sieur Pourfour ledit jour douziéme Octobre; Et autre sommation faite par le sieur Mont-rozat Marchand de cette Ville, apres auoir payé audit Bureau d'Ingrande & de Torcy. Sur quoy lesdits Negocians auroient conclu & fait adjourner ledit Fermier deuant Nous à l'heure presente, pour voir dire, qu'ayant esgard à ce que dessus, & que ladite Ordonnance du vingt-septiéme Iuin dernier auoit esté renduë sur simple requeste, sans qu'aucuns des interessez eussent esté oüys ny appellez, & contre le prejugé par Nous rendu sur semblable sujet au profit de Iean Sorbiere, contradictoirement auec le precedent Fermier, le sixiéme Nouembre mil six cens trente-sept, lesdits Marchans & Negocians demandeurs soient receus opposans à l'execution d'icelle Ordonnance du vingt-septiéme Iuin dernier; & rendant droict sur leur opposition, qu'il soit ordonné que les marchandises, qui seroient amenées au Bureau de ladite Doüane, de quel lieu ou Prouince que ce soit, tant de ce Royaume qu'estrangeres, seroient ouuertes en la presence des Marchands & proprietaires d'icelles, d'icelles, ſi mieux ledit Fermier ne ſe contentoit d'acquiter ſur les Factures qui luy ſeroient monſtrées par leſdits Marchands, ſans toutesfois demeurer reſponſables du plus ou moins que par erreur pourroit eſtre dans leſdites balles, & en ſuite retirer & prendre ſes droicts de Doüane à la forme de la Tariffe, ſuiuant les ſortes de marchandiſes qui ſe treuueroient eſdites balles, & deffences audit Fermier d'arreſter par cy-apres és Bureaux des cinq groſſes Fermes, les balles marchandiſes y venans tant par eau que par terre, pour eſtre conduites & deſchargées en la Doüane de cette Ville, ny icelles ouurir eſdits Bureaux, à peine de trois mil liures, & que pour les droicts qu'ils exigeoient és entrées du Royaume, qu'ils ſeroient tenus les reſtituer aux Marchands de cette ville, ou leur en tenir compte ſur les droicts de Doüane qu'ils ſe treuueroient deuoir, en retirant en cette ville leurs marchandiſes, auec pareilles deffences de recidiuer ſoubs les meſmes peines, Et que cependant les marchandiſes arreſtées à Châlon ſur Saoſne, ou ailleurs, & autres Bureaux de ladite Ferme, ſeroient relachées, & conduites en la Doüane de cettedite Ville, pour eſtre retirées en pa-

yant

yant les droicts, & de mesme pour les autres marchandises, qui estoient lors au Bureau. & Magasins de ladite. Douane, Partant. persiste à l'interinement de leurdite
Requeste, & adjoustant à icelle, Que deffences soient faites audit. Fermier de faire
mettre aucunes marques, ainsi qu'il se jacte
& fait effort de vouloir mettre, sur les enue-
loppes des balles qui sont enuoyées de cette Ville en celle de Paris, & autres lieux
par la riuiere de Loire, Comme encores
d'exiger les quatre liures dix sols qu'ils for-
cent les Marchands, de payer pour chacune balle de soye, qui est conduite en cette
Ville par autre endroit que par le pont de
Beauuoisin. Et finalement, que pareilles
deffences luy soient faites de plus exiger le
pretendu droict de Traite foraine qu'il force les Negocians & les Voicturiers & conducteurs de marchandises, de payer pour
les marchandises descendans sur ladite riuiere, venans de cette Ville & Gouuernement, attendu qu'elles viennent de lieux où
les Aydes ont cours, & sont conduites aux
Prouinces où pareillement lesdites Aydes
ont cours, lesquelles conclusions ne peuuent estre empeschées par ledit Fermier
soubs pretexte de ladite Ordonnance du

E   vingt-

vingt-septiéme Iuin dernier, si l'on considere qu'elle a esté renduë sur des suppo-
sitions, soubs dorrection, & sans qu'aucuns
des interessez ayent esté oüys, estant à remarquer que ledit precedent Fermier,
ayant voulu faire regler cy-deuant vne
chose de moindre importance, qu'estoit
de necessiter ceux qui font fabriquer des
rubans & passemens à Saint Chaumont &
à Saint Estienne, de venir prendre certificat
de   des
Officiers de cette Doüane, il fut chargé,
auant que d'y estre prononcé, de faire appeller les Consuls desdits lieux de Saint
Chaumont & S. Estienne, lesquels ayans
comparu, & fait voir que la requisition
dudit Fermier estoit sans fondement ny
raison, ils l'en firent debouter; Doncques
l'on ne doit faire aucun estat de ladite Ordonnance du vingt-septiéme Iuin, puisque
les Sieurs Preuost des Marchands & Escheuins de cette Ville, non plus que lesdits
Marchands & negocians, n'ont point esté
oüys.

Maistre Charles Grollier Aduocat & Pro-
cureur general pour les Sieurs Preuost des
Marchands & Escheuins de cette Ville,
& Communauté de Lyon, dit que lesdits
                                    sieurs

fieurs Preuoſt des Marchands & Eſcheuins
de cettedite Ville ſe rendent Parties inter-
uenantes en cette cauſe, par le grand inte-
reſt que le general de cettedite Ville a d'e-
peſcher que l'on n'eſtabliſſe des nouueau-
tez, tellement prejudiciables au commerce
d'icelle, qu'elles ſont capables de le ruiner
entierement, puiſque ſi elles auoient lieu,
il n'y a point de Marchand qui ne peuſt
eſtre ruyné ou par la meſgarde de ſes cor-
reſpondances ou Commettans , ou par la
malice & fraude des Voituriers ou Commis des Fermiers de la Douane, comme
plus au long a eſté repreſenté par Maiſtre
Favre Procureur deſdits Marchands, les
plaidé & remonſtrances duquel ledit Grollier employe pour n'vſer de redite, & ad-
jouſte, Que toutes les Ordonnances de la
Douane, qui obligent les Marchands de
bailler les factures de leurs marchandiſes,
ne font aucune mention des marchandiſes
eſtrangeres, leſquelles apportans en ce Royaume, l'on eſt obligé d'en faire la declaration au premier Bureau par où elles entrent,
Mais pour ce qui eſt des marchandiſes originaires, il n'y a nulle ſorte d'obligatió d'en
remettre les factures ; qu'ainſi ne ſoit, les
Marchands de cette ville de Lyon, qui au-

E 2   ront

font acheté vingt ou trente bales de marchandiſes à Paris pour les conduire en cette Ville, peuuent auec toute liberté les ouurir, & debaler leſdites marchandiſes par les chemins, & en vendre à tous ceux qui en voudront acheter. Ce qui ne peut ny doit eſtre fait pour les marchandiſes eſtrangeres, les bales dans leſquelles elles ſont contenuës ne pouuans eſtre ouuertes, à peine de confiſcation, qu'elles ne ſoient arriuées dans les Bureaux de ladite Douane, Et la raiſon de cette difference eſt, Que leſdites marchandiſes eſtrangeres ne ſont dans le commerce des hommes, ny en liberté d'eſtre ouuertes, qu'elles n'ayent acquité les droicts de Douane, au lieu que les marchandiſes originaires ſont franches par tout, & ne doiuent aucun droict de Douane de Lyon, que lors qu'elles entrent dans cettedite ville de Lyon, & lors qu'elles s'arreſtent à Ville-franche, Tournus, Maſcon, & autres lieux qui ſont ſur le chemin d'icy à Paris, elles ne doiuent aucun droict de Douane de Lyon : De maniere qu'on ne doit exiger deſdites marchandiſes originaires la meſme rigueur & precaution que pour les eſtrangeres, autrement il n'y a point de Marchand qui vouluſt expoſer ſes

biens

biens & son honneur au hazard de ce qui
se treuueroit dans vne balle, delaquelle le
plus souuent ils n'ont aucune memoire ny
facture; que s'ils en ont, elles sont la plus
part du temps defectueuses; C'est pourquoy soustient ledit Grollier que nostre
susdite Ordonnance doit seulement estre
entenduë des marchandises estrangeres &
non originaires, & ce faisant, que les Marchands ne pouuoient ny deuoient estre
obligez de rapporter le contenu en leurs
balles que pour les marchandises estrangeres, & non pour les originaires. Ce qui bles-
se d'autant moins le Fermier de la Doüane
qu'il a la liberté de faire ouurir toutes les
balles quand bon luy semble. Pour ce qui
est de l'ouuerture des balles que les Commis de Maistre Toussaint de la Ruelle ont
fait à Châlon sur Saosne, elle doit estre reprimée par des punitions exemplaires, auec
deffences d'y recidiuer, veu les pertes &
incommoditez qui en arriueroient si elles
estoient tollerées. Pour ce qui est des quatre liures dix sols pour balle de soye entrant
en ce Royaume par autre lieu que par le
pont de Beauuoisin, c'est vne leuée que ledit Fermier fait sans tiltres & sans aucun
fondement, & partant doit estre reprimée

                    n'y

n'y ayant rien dans sa Tariffe ny dans son Bail qui luy en donne le pouuoir. Pour ce qui est des Droicts nouueaux que les Commis dudit Maistre Toussaint de la Ruelle leuent & exigent és Bureaux d'Ingrande & de Torcy, sur les marchandises Estrangeres venans en droicture en cette ville, que lesdits opposans soutiennent que c'est vne contrauention formelle aux Arrests contradictoirement donnez au Conseil auec les Fermiers des cinq grosses Fermes de France, la Doüane de Lyon joincte, és années mil six cens vingt-quatre, vingt-sept & quarante-deux, par lesquels il est porté par expres que les marchandises Estrangeres venans à droicture en cette ville de Lyon, pour y payer les droicts de Doüane, ne payeront aucun droict d'entrée du Royaume, ains seulement prendront Acquit à caution, & s'obligeront de rapporter dans le temps ordinaire, certification comme elles auront esté portées dans cettedite Ville, & y auront payé lesdits droicts de Doüane; Et toutes les fois qu'au prejudice desdits Arrests l'on a exigé quelque chose desdites marchandises à l'entrée du Royaume, les Acquits dudit payement ont estez prins en ce Bureau de Doüane pour argent comptät; Et

lors

lors qu'il se treuuoit que ce qui auoit esté
payé au Bureau de ladite entrée excedoit ce
qui se deuoit payer au Bureau de cettedite
Doüane, les commis des Fermiers d'icelle
rendoient le plus aux proprietaires d'icelles
marchandises, ce qui doit encor aujour-
d'huy estre pratiqué à l'endroit des sieurs
Clement & Mohtrozat, pour les marchandises sur lesquelles l'on a prins des droicts
noueaux à Ingrande & Torcy. C'est à
quoy lesdits Preuost des Marchands & Escheuins concluent. Maistre Iean Dru Procureur de Maistre Toussaint de la Ruelle
Fermier general des cinq grosses Fermes
de France, la Doüane de Lyon y joincte,
assisté de Maistre François Pourfour Intendant & Directeur general en icelle: Dit que
sans aucun fondement ny raison valable,
sauf correction, les parties se plaignent de
nostre Ordonnance du vingt-septiesme
Iuin dernier & en demandent la cassation,
d'autant qu'elle a esté tres-juridiquement
renduë suiuant & conformément aux
Edicts, Ordonnances, Arrests & Reglemens faits par nos Roys sur l'establissement, ordre, leuée & perception des droicts
de ladite Doüane, signamment par l'Edict
de Charles IX. de l'année mil cinq cens

 soixante

soixante six, par lequel article onze il est notamment porté que les Marchands, leurs
facteurs ou ayans charge, seront tenus &
obligez, auant que pouuoir faire l'ouuerture de leurs balles ou caisses, de donner vne
facture ou declaration au vray, contenant
la quantité, qualité, nombre, poids & me-
sures des marchandises qui seront contenuës dans lesdites balles ou caisses, sans
supposer vne marchandise, couleur ny manufacture, ou autre, à peine de confiscation,
amende, & autres peines portées par ledit
Edict. Qu'il demeure d'accord que les susdits Edicts & Ordonnances furent faites
pour raison des marchandises Estrangeres,
d'autant qu'il n'y auoit pour lors, que sur
icelles seulement que les droicts de Doüane fussent establis & leuez; mais que depuis nos Roys ayans vny & incorporé à ladite Doüane le droict de deux & demy
pour cent, qui estoit vn octroy & subuention sur les marchandises originaires &
autres, accordé pour quelques années à la
ville de Lyon; Ils ont entendu en mesme
temps que tous les Edicts, Ordonnances,
Arrests & Reglemens faits pour raison des
anciens droicts de Doüane que l'on appel-
le cinq pour cent, & qui se leuent sur les
marchandises

marchandifes d'Italie, Efpagne, & Leuant,
fuffent entierement gardez, obferuez &
executez felon leur rigueur, pour raifon
defdits droicts de deux & demy pour cent,
ainfi qu'il appert par le quatriéme article
du Bail fait audit de la Ruelle. Que les inconueniens que les parties alleguent pouuoir arriuer font chimeriques, & ne peuuent feruir qu'à ceux qui ont deffein de
frauder les droicts du Roy ; car pour ceux
qui procedent ingenuëment, ils n'ont jamais fait aucune difficulté de donner leurs
factures & declarations au vray, en quoy
ils reçoiuent baucoup de foulagement,
d'autant qu'apres la verification faite d'vne
partie de leurs bales ou caiffes, & ayant
treuué les marchandifes contenues en icelles conformes à l'eurs factures, l'on fe con-
tente de faire acquiter l'autre partie fur les
declarations fans en faire aucune ouuerture ; Que c'eft vne mauuaife raifon d'alleguer que les precedents Fermiers, leurs
Directeurs ou Commis, n'en ont pas ainfi
vfé, car leur indulgence ne peut porter aucun prejudice aux droicts du Roy, ny pre-
fcription aux Edicts, Ordonnances & Reglemens faits pour la leuée d'iceux, Que la
pretenduë Sentence alleguée par Faure, ou-

E 5   tre

tre qu'elle n'a esté renduë, en pareil cas
que celuy dont est question, ne leur peut
non plus seruir, d'autant qu'il est permis
audit de la Ruelle par le quarante-vniesme
article de son Bail, de se pouruoir contre
tous Iugemens rendus du temps des precedens Fermiers, lesquels peuuent auoir
esté obtenus par surprise, collusion & in-
telligence, & le plus souuent faute de so
bien defendre. Quant au second chef de
leur demande, dit que le Bureau de Chaflon sur Saosne est dépendant de la Bour-
gongne, Prouince où les Traites Foraines
sont establies, & qui n'a rien de commun
auec la Douane de Lyon, estans les droicts
qui se leuent en icelle tous differens; &
ayant les Maistres des Ports & leurs Lieutenant pour Iuges naturels desdittes Traites, pardeuant lesquels lesdites parties se
peuuent pouruoir s'ils pretendent que les
Commis dudit Bureau de Chaslon ayent
fait quelque chose à leur prejudice, &
neantmoins dira en passant, pour leur iustifi-
cation & sans tirer à consequence, que lesdits Commis ne font simplement que le
deub de leurs charges, en obligeant les
Marchands & Volturiers de faire declaration au vray, de la quantité & qualité des
marchandises

marchandiſes qu'ils veulent tranſporter,
& du lieu où ils les veulent conduire, & de
prendre acquit à caution, portant promeſſe
& obligation de rapporter certificat de la
deſcharge deſdites marchandiſes, ſuiuant
& conformement aux Edicts & Ordonnances faites ſur leſdittes Traites Foraines,
confirmées par pluſieurs Arreſts du Con-
ſeil, & particulierement par celuy du huictiéme Iuin de l'année mil ſix cens trente
neuf, qui porte nommément, que tous
les Marchands & Voicturiers qui feront
charger des marchandiſes pour eſtre tranſ-
portées dans le Royaume, aux lieux où il
y a Bureaux eſtablis pour la leuée des
droicts du Roy, ſeront tenus & obligez
de prendre acquit à caution des Commis aux Bureaux où ſe feront les charge-
mens, à peine de confiſcation deſdites marchandiſes, Et ainſi, qu'il y a grande apparence de croire, que ſi leſdits Commis de
Châlon ont fait débaler quelques marchandiſes, ç'a eſté pour n'auoir pas les Voicturiers ſçeu ou voulu faire leur declaration, & pour empeſcher qu'ils ne leur ar-
riuaſt inconuenient faute d'eſtre porteurs
d'acquits à caution, en tranſportant leurs
marchandiſes d'vne Prouince à autre, ainſi

qu'ils

qu'ils y sont tenus & obligez. Pour le troi-
siesme chef, par lequel les parties se pleig-
nent qu'on leur a fait payer des droicts nouueaux aux Bureaux de Torcy & d'Ingrande, outre les droicts ordinaires d'entrée
audit Bureau d'Ingrande ; Respond, que
quant aux droicts nouueaux ils ne sont pas
de sa connoissance, ce sont peut estre
droicts qu'il a pleu à Sa Majesté establir
simplement pour la necessité de ses affaires, ou par octroy & gratification à des
Villes & lieux particuliers, ou pour com-
penser la suppression d'autres droicts, ainsi qu'il se pratique en cette ville de Lyon au
moyen de la Subuention establie sur toutes sortes de marchandises, & leuée par
lesdits Sieurs Preuost des Marchands &
Escheuins d'icelle; Et ainsi les susdits droicts
nouueaux ne faisans point partie du Bail
des cinq grosses Fermes,& la leuée d'iceux
n'en estant faite par ledit de la Ruelle & ses
Commis, que par ordre de Nosseigneurs
du Conseil, & pour conter à Sa Majesté des
deniers qui en seront receus, il n'y a aucun
sujet d'en faire plainte contre luy, ny d'en
demander la restitution ou compensation,
non plus que du droict ordinaire d'entrée
qui se paye audit Bureau d'Ingrande, qui
est

est vne Ferme particuliere, & qui a toûjours
eu ses Fermiers particuliers, sinon depuis
qu'elle a esté jointe & vnie au Bail des cinq
grosses Fermes; Mais cette vnion ne porte
pas suppression de droicts, & ne peut empescher que les vns & les autres ne soient
leuez separément, sçauoir, le droict particulier d'entrée à Ingrande, & les droicts de
Doüane à Lyon, lesquels n'ont rien de commun ensemble, puis mesmes que ledit de la
Ruelle paye le prix de l'vne & de l'autre
Ferme à Sa Majesté. Et par tous ces moyens
il se voit qu'il n'y a aucune apparence aux
demandes portées par la requeste des Demandeurs, desquelles ils doiuent estre de-
boutez auec despens, & quant à leurs remonstrances & demande verbale non contenuës en leur requeste, il n'est point obligé
d'y respondre, & lors quils se pouruoiront par les formes ordinaires, il y respon-
dra ce que de raison. Et au regard de l'interuention des Sieurs Preuost des Marchands & Escheuins de cette Ville, ils
sont notoirement non receuables & mal
fondez en icelle, pour les raisons susdites
qu'il employe contr'eux, & pour n'estre
Parties legitimes, pour contester & debat-
tre les droicts de Sa Majesté, & les Edicts,
Ordonnances,

Ordonnances, Arrests, Reglemens & Iugemens rendus pour raison d'iceux, lesquels ils doiuent pluftot fauorifer, y eftans obligez tant par leur qualité, que parce qu'ils font Fermiers de Sadite Majefté de la Ferme du tiers furtaux qui fe leue fur le principal de ladite Doüane, & de la Subuention par eux eftablie & leuée fur toutes fortes de marchandifes entrans & paffans par cette Ville, des fins de laquelle interuention le Deffendeur doit eftre renuoyé abfous auec defpens : Surquoy, eft veu la Requefte par lefdits Demandeurs à nous préfentée le vingt-vnième du prefent, fignée defdits Demandeurs & dudit Favre leur Procureur, au bas de laquelle eft noftre Ordonnance dudit jour, & l'Exploict d'affignation fur icelle baillé audit fieur de la Ruelle, en parlant audit fieur Pourfour en datte du vingt-deuxième dudit prefent mois d'Octobre, pour comparoit au Lundy prochain, figné Voifin, Huiffier Audiancier en la Senéfchauffée & Siege Prefidial de Lyon; Extraict de noftre Sentence du vingt-feptième Iuin dernier, par laquelle a efté dit, en confequence de l'Article onzième de l'Ordonnance de Sa Majefté, qu'il eft enjoint à tous Marchands & leurs

facteurs,

facteurs, qui enuoyeront des marchandifes en ladite ville de Lyon pour acquiter les droicts en ladite Doüane, d'apporter vn memoire ou facture figné de celuy auquel appartiendra ladite marchandife, contenant au vray tout ce qui fera contenu aux Balles, Tonneaux, Caiffes, Males & Pacquets qu'ils auront à faire gabeller, auec deffences de contreuenir à noftre prefente Ordonnance, fur les peines portées par lefdites Ordonnances, laquelle afin que perfonne n'en pretende caufe d'ignorance feroit leuë, publiée & affichée par tout où befoin feroit ; furfeoiroit neantmoins l'execution d'icelles de trois mois, à comper du jour de la publication, & paffé outre nonobftant oppofitions ou appellations quelconques & fans prejudice d'icelles, figné par collation Perrot Commis Greffier ; Acte de fommation faite par fieur Iacques Delfoffe marchand demeurant à Sedan, faifant pour le fieur Antoine Montrozat marchand de cette Ville, à Maiftre Pierre Brandon Receueur pour le Roy, & à Maiftre Marc Viriffel Controolleur au Bureau de Traite eftably à Torcy, de luy bailler acquit à caution, qu'il eftoit preft de bailler, de faire conduire, defcharger, & payer en la Doüa-

ne

ne de Lyon, les droicts deubs au Roy pour
balot contenant trente pieces de toile de
Courtray, vne piece Nappe de Flandre,
quatre pieces Seruietes numero septente-
sept & marqué   qu'il faisoit venir
de Flandre pour aller directement descharger à ladicte Douane de Lyon, contenant
la responce par eux faite qu'il leur estoit
enjoint par le Directeur general des cinq
grosses Fermes de France en la prouince
de Champagne, de faire payer les nouueaux droicts d'entrée des marchandises
enoncées au nouueau Tarif, qui sont de
cinq sols sur piece de Toile de quinze aus-
nes chacune, suiuant la Declaration du
Roy, portant que ladite augmentation seroit payée par toutes personnes, mesmes
pour l'ysage & prouision des armées de Sa
Majesté, nonobstant tout priuilege, à peine
de confiscation desdites marchandises, partant ils ne pouuoient ny ne deubient rien
laisser passer sans payer ces nouueaux droits,
& qu'ils ne pouuoient donner acquits qu'en
payant iceux audit Bureau, lesquels ledit
Delfosse comme contraint auroit payé,
pour euiter au fraiz & arrest desdites marchandises, dequoy luy auroit esté baillé
acte par Soblet Notaire dudit lieu, le dix-
septiéme

septiéme du mois d'Aoust dernier, certificat du Commis audit Bureau de Torcy en
Champagne, comme ledit sieur Montrozat auoit payé pour lesdites marchandises
la somme de 23. liures, pour le nouueau
droict d'entrée, suiuant la Declaration du
Roy du quinziéme Iuin dernier, & promet
de representer icelles au Bureau du lieu de
la descharge, pour estre veües, visitées, &
pezées, si besoin estoit, & reconnoistre si
elles estoient de la qualité, quantité, &
poids susdit, sans aucune supposition ou
desguisement, sur peine de confiscation, ledit certifiat en datte du dix-huictiéme jour
dudit mois d'Aoust dernier, signé Brandon
& Vassol; Autre acte de sommation faite à
la requeste de sieur Claude Prost marchand
de cette Ville, à Maistre François Pourfour
Intendant en la Doüane de cette Ville, d'ordonner à ses Commis de reconnoistre le
contenu au Balot de marchandise à luy
apartenant, & qui auoit esté consigné au
Bureau de ladite Doüane vers Saint Vincent, & luy donner billet pour acquiter les
droicts qu'il deuoit, à faute de quoy il pro-
testoit de faire sa plainte, & de s'en pouruoir par les voyes de droict, auec tous despens, dommages & interests; contenant la

F

responce

responce faite par ledit sieur Pourfour, qu'il
estoit prest de luy faire deliurer sa marchandise, en luy donnant prealablement par ledit sieur Prost sa facture, ou vne declaration au vray signée de luy, contenant la
qualité, quantité, nombre, poids & mesure des choses contenuës dans ledit Balot,
suiuant & conformément aux Ordonnances du Roy & à nostre Ordonnance du
vingt-septiéme Iuin dernier, ledit acte en
datte du douziéme du present mois d'O-
ctobre, signé Favard Notaire Royal. Extraict
collationné, d'vn certificat fait par les Officiers & Commis des Traites, & Imposi-
tions Foraines, & droicts d'entrée de France au Bureau d'Ingrande, que Sebastien
Cellier Voicturier par Eau, demeurant à
Orleans, faisant pour le sieur de la Roussi-
niere, auoit acquité audit Bureau lesdits
droict d'entrée de France, huict cens liures
pesant de bas d'Estame, en cent cinquante vne douzaine de paires, qu'il auoit passé
par ledit Bureau d'Ingrande pour voicturer à Lyon, estant pour le compte du sieur
Clement Marchand à Lyon, & pour iceux
payé, à raison de dix sols pour douzaine
de paire, la somme de soixante quinze liures pour la suppression des Conseruateurs,
de

de la somme de sept liures onze sols six deniers pour nouuelle augmentation d'entrée, de mil six cens quarante quatre, à raison de deux sols pour douzaine de paire,
quinze liures trois sols, & outre ce pour les
droicts du trepas de Loire, anciennes &
nouuelles Reapreciations & augmenta-
tions dicelles, Clouaison d'Angers, faict de
marchandises, Suppression de Conserua-
teur des droicts du Fermier, six deniers nouueaux, & signature des Officiers vingt-trois
liures dix sols six deniers, ledit Extraict signé, Leuasseur & Rabiot Notaires de la
Baronnie d'Ingrande en datte du neufviéme Aoust dernier. Acte de sommation faite par sieur Pierre Clement marchand de
cette Ville audit sieur Pourfour, de luy faire deliurer lesdites cent cinquante douzaines paires bas d'Estame en vn tonneau,
francs & quittes du droict de ladite Doüane, attendu qu'il auoit esté payé au Bureau
d'Ingrande comme apparoissoit par le susdit certificat, ledit acte contenant la responce faite par ledit sieur Pourfour, qu'il
estoit prest de luy faire rendre lesdites paires bas en payant les droicts de Doüane, lesquels estoient autres que ceux payez à l'entrée d'Ingrande, n'ayans rien de commun

F 2   entr'eux,

entr'eux, en datte du douziéme du present
mois d'Octobre, signé Favard Notaire Royal. Autre certificat fait par Merlat & Gaul-
tier Commis au Bureau general de la
Doüane de cette Ville ledit jour douziéme
Octobre, que ledit sieur Clement auoit retiré cent cinquante douzaines bas d'Estame en vn Tonneau, & payé pour les droicts
de Doüane & Reapreciation la somme de
soixante quinze liures, Extraict de nostre
Sentence prononcée le sixiéme Nouembre
mil six cens trente-sept, renduë entre Maistre Noël Depars precedent Fermier general des cinq grosses Fermes de France, la
Doüane de Lyon y comprise, demandeur,
& sieur Iean Sorbier marchand audit Lyon
deffendeur, par laquelle a esté dit que
main-leuée est faite audit deffendeur des
marchandises sur luy saisies, en payant les
droicts anciens & nouueaux si fait n'auoit
esté, & enjoint au Fermier de remettre au
Greffe de nostre Iurisdiction, les verbaux
des saisies qu'ils feront cy-apres, dans
vingt-quatre heures apres qu'elles auront
esté faites, à peine de nullité, & passé outre
nonobstant oppositions ou appellations
quelconques & sans prejudice d'icelles, signé Blache Greffier, & ouy Maistre Pierre
Boullioud

Boullioud Mermet Aduocat du Roy pour
le Procureur dudit Seigneur ; I L E S T
D I T, qu'acte est octroyé aux Demandeurs
de leur opposition & interuention des
sieurs Preuost des Marchands & Escheuins
de cette Ville, Ordonne que sur icelle les
parties se retireront au Roy & à Nosseigneurs de son Conseil , pour leur estre
pourueu sous le bon plaisir de Sa Majesté,
& cependant que nostre Ordonnance du
vingt-septiéme Iuin dernier sera executée
selon sa forme & teneur, & sur les autres
deux chefs de ladite Requeste, que les parties se pouruoiront ainsi & pardeuant qui
ils verront bon estre, & passé outre à l'execution de nostre present Iugement, nonobstant oppositions ou appellations quelconques & sans prejudice d'icelles, Signé
Dugué President, Pianello Conseiller du
Roy & Tresoriers generaux de France au
Bureau des Finances estably à Lyon, Langlois Conseiller du Roy, Lieutenant Particulier, Assesseur Criminel en la Seneschauf-
sée & Siege Presidial de Lyon, Croppet
Conseiller du Roy en la maistrise de Ports,
Ponts & passages, Boullioud Mermet, &
Lorin Aduocat & Procureur du Roy.
Espices gratis.

PRONONCÉ à Maistre Faure l'aisné Procureur desdits sieurs Demandeurs, à Maistre Grollier Aduocat & Procureur general desdits sieurs Interuenans, & à Maistre Dru Procureur dudit sieur Fermier Defendeur, parlant à leurs personnes. Acte le Lundy vingt-quatriéme Octobre mil six cens quarante quatre.

Extraict collationné.

PERROT.

ORDONNANCE

ORDONNANCE DES IVGES

de la Doüane de Lyon, Par laquelle les Marchands sont obligez de presenter les factures ou declarations, des marchandises qu'ils voudront retirer & acquiter, auant l'ouuerture des bales, caisses, tonneaux, fardeaux, & autres.

LES IVGES & Commissaires deputez par sa Majesté pour la Doüane de Lyon, Sçauoir faisons, Que sur la Requeste à Nous ce jourd'huy 27. Iuin mil six cens quarante quatre, presentée par Maistre Toussainct de la Ruelle Fermier general des cinq grosses Fermes de France, Doüane de Lyon, & autres Fermes jointes & vnies à son Bail, Expositiue, Qu'a cause de l'indulgence apportée par les precedens Fermiers ou leurs Commis, à faire obseruer les Edicts, Ordonnances & Declarations de nos Roys sur le faict de ladite Doüane, les Marchands, Conducteurs & Voicturiers ne tiennent plus aucun conte

de

de faire leurs declarations de la quantité
& qualité de leurs marchandises, lors qu'ils
les font entrer en ladite ville de Lyon,
soit aux Bureaux establis aux Chaines de
Veize & d'Esnay, & aux Portes de ladite
Ville, ny de monstrer & exhiber aux Commis dudit Supliant les factures, memoires
& declarations par le menu & au vray, des
marchandises contenuës dans leurs Bales,
Balots, Caisses, Tonneaux, Fardeaux &
Pacquets, lors qu'ils les veulent retirer des
Bureaux de ladite Doüane, ainsi qu'ils y
sont tenus & obligez; En quoy ledit Supliant souffre vn notable interest, d'autant
que ses Commis ne peuuent sçauoir ny
conhoistre la quantité desdites marchandises, ny la qualité & nature de chacune
d'icelles, que par le moyen desdites factures
ou declarations au vray, faute desquelles
la pluspart des droicts se peuuent perdre,
outre que cela apporte grand desordre &
confusion, principalement durant le temps
des Foires, lequel s'il continuoit, outre la
perte que le Fermier en souffriroit en ses
droicts, c'est que les susdits Edicts & Ordonnances faites auec si grande connoissance de cause lors de l'establissement de ladite
Doüane & du depuis, pour la conseruation
des

des droicts du Roy, demeureroient inutiles
& infructueuses aux Fermiers. Concluant,
à ce qu'attendu qu'il Nous appert de ce que
dessus par l'Extrait desdites Ordonnances,
par lesquelles il est nommément porté que
les Voicturiers & Conducteurs seront obligez, entrans dans ladite ville de Lyon, de
faire declaration au vray entre les mains
des Commis aux Portes & Chaines de ladite Ville, du nombre des Bales, Balots,
Pacquets, Caisses, Tonneaux, & autres,
& de la quantité & qualité des marchandises contenuës en icelles; & que les Marchands, leurs Facteurs ou Commis seront
obligez, auant que pouuoir retirer leurs marchandises, d'apporter vn memoire ou facture au vray, ou vne declaration signée
de leur main, de la quantité, nombre,
poids, & mesure des marchandises qui
seront contenuës esdites Bales, Caisses, ou
autres, & de la qualité & nature d'icelles,
sans supposer vne marchandise, couleur ny
manufacture à autre, à peine de confiscation desdites marchandises, & que par
le Bail fait audit Supliant il est nommément
porté, Que la rigueur des Edicts, Ordonnances, Declarations & Arrests donnez
pour raison des Cinq pour cent en ladite

                        Douane

Doüane, seront gardez & obseruez pour les droicts de quatre & deux & demy pour cent, & que ceux qui seront treuuez en fraude seront priuez par les peines portées par icelles, IL Nous pleust ordonner que d'ores en auant les Marchands, Conducteurs & Voicturiers qui feront entrer des marchandises en ladite ville de Lyon, de quelque Ville, pays, & Prouinces qu'elles soient, seront obligez de faire declaration entre les mains des Commis establis pour ladite Doüane aux Portes ou aux Chaines de ladite Ville, du nombre des Bales, Balots, Pacquets, Caisses, Tonneaux, Males, Fardeaux ou autres, de la quantité & qualité des marchandises qui seront contenuës en icelles, & des noms & surnoms des Marchands à qui elles appartiendront. Et que lors que lesdits Marchands, leurs Facteurs ou Commis, voudront retirer de ladite Doüane lesdites Bales, Balots, Pacquets, Fardeaux, ou autres, ils seront particulierement tenus & obligez de representer aux Commis de ladite Doüane, vn memoire, facture & declaration au vray, signée d'eux, de la quantité, nombre, poids & mesure des marchandises qui seront contenuës ausdites Bales, & de la nature &

quàlité

qualité d'icelles, fans aucune fuppofition ny deguifement, aux peines d'eftre procedé contre eux fuiuant la rigueur defdites Ordonnances ; Et que noftre Ordonnance foit leüe, publiée & affichée par tout où befoin fera, afin que perfonne n'en pretende caufe d'ignorance, & executée nonobftant oppofitions ou appellatiôs quelconques. Svr qvoy, & veu l'Extraict defdites Ordonnances, enfemble le Bail fait par fa Majefté au profit dudit de la Ruelle, Conclufions des Gens du Roy ; Et tout confideré. Il est dit, en confequence de l'article onziéme de l'Ordonnance de fa Majefté, qu'il eft enjoint à tous Marchands, leurs Facteurs, qui enuoyeront des marchandifes en ladite ville de Lyon pour acquiter les droicts en ladite Doüane, d'apporter vn memoire ou facture figné de celuy auquel appartiendra ladite marchandife, contenant au vray tout ce qui fera contenu aux Balles, Tonneaux, Caiffes, Males & Pacquets qu'ils auront à faire gabeller, auec défences de contreuenir à noftre prefente Ordonnance, fur les peines portées par lefdites Ordonnances ; Laquelle, afin que perfonne n'en pretende caufe d'ignorance, fera leüe, publiée & affichée

par

par tout où besoin sera, Sursoira neantmoins
l'execution d'icelle de trois mois, à comp-
ter du jour de la publication, & passé outre nonobstant oppositions ou appellations
quelconques, & sans prejudice d'icelles.
Signé, Dugué President, Charrier, Conseillers du Roy, Tresoriers generaux de
France au Bureau des Finances establý à
Lyon, Seue Conseiller du Roy, President,
Lieutenant General en la Seneschaussée &
Siege Presidial de Lyon, Croppet Conseiller du Roy en la Maistrise des Ports, Boullioud Mermet, & Lorin Aduocat & Procureur du Roy.

Signé, & Collationné par moy Greffier,

PERROT.

L'Ordonnance cy dessus a esté leüe & pu-
bliée à haute & intelligible voix, cry pu-
blic & son de trompe: Sçauoir, au deuant de
la grand porte du Palais Royal Auditoire de
la Iustice de la ville de Lyon, à la place de
la grand Douane, à la place des Changes &
de l'Herberie, rüe de l'Enfant qui pisse, rüe
Merciere & de la Mort qui trompe, place
de Confort & des Terreaux, rüe de la Lan-
terne, rüe de la Grenette, rüe de l'Hospital,
Puy

Puy Pelus, au Plaſtre Saint Eſprit, ruë Lon-
gue, & autres lieux & carrefours accouſtumez à faire cris & proclamations en la ville
de Lyon, & à cet effect prins & appellé auec
moy Maiſtre Benoiſt Recordõ Archer & Trompette ordinaire de ladite Ville de Lyon, aux
fins qu'il vienne à la notice d'vn chacun, &
que perſonne n'en pretende cauſe d'ignorance,
& à chacun deſdits lieux & endroits a eſté
mis & affiché copie de la ſuſdite Ordonnance & exploict de publication au bas, par moy
Huiſſier au Bureau des Finances à Lyon ſouſſigné, le neufviéme Iuillet mil ſix cens quarante quatre, & à luy Maiſtre Recordon ſouſſigné.

PONCET,

RECORDON.

Sentence des Iuges de la Doüane de Lyon du 20. Aoust 1652. par laquelle le nommé la Tour dit Matte est condemné en deux cens liures d'amende, & aux despens des procedures, pour auoir contreuenu aux Edicts & Ordonnances de sa Majesté pour le faict des Doüanes.

Es Iuges establis par Edict de sa Majesté pour la Doüane de Lyon, Sçauoir faisons; Qu'au procés extraordinairement poursuiuy pardeuant Novs: entre Me Toussaint de la Ruelle cy deuant Fermier des cinq Grosses Fermes de France, la Doüane de Lyon y comprise, demandeur & accusateur; Et Pierre la Tour dit Matte marchand du lieu de Vernon de Ioyeuse en Viuaretz, deffendeur & accusé. Vev par Nous la Requeste à nous presentée par ledit de la Ruelle, expositiue, que puis peu il auroit apris que ledit la Tour, negociant en soye, auoit commis plusieurs contrauentions aux Edicts &

G   Ordon

1652. Ordonnances de sa Majesté en fraude de ses droicts de Doüane, ayant fait conduire plusieurs bales de soye prinses à Beaucaire, Baignol, ou autres Villes de Prouence, Languedoc & Viuaretz, dans les lieux de Sainct Estienne & Sainct Chamond nuictamment, par des voyes oblicques, sans auoir consigné & fait consigner és Bureaux pour ce establis à Ville-neufue & autres endroits, conduit ny fait conduire lesdites soyes au Bureau de la Doüane de cette Ville, pour y payer & acquiter les droicts d'icelle deubs à sa Majesté, mesme en Septembre de l'année mil six cens quarante-sept seize bales soye, qui furent prinses dans la ville de Beaucaire, & conduites par les mulets d'vn nommé Priua, & furent entreposées en la ville de Vent en Viuaretz, au Logis où pendoit pour enseigne Nostre Dame, auquel lieu le nommé Louys Martin Marchand de Sainct Chamond, enuoya Estienne Fourna, Voicturier de Sainct Iullien ou de sainct Chamond, pour les prendre & les conduire en la ville de Sainct Chamond, comme il fit, apres que ledit la Tour les luy eust remis & fait accord de la voicture, comme aussi que partie desdites seize bales de soye luy appartenoient, du moins

moins deux bales qu'il y auoit pour son
côpte. Qu'il traitta auec ledit Fourna, qu'en
cas que ladite soye fust prinse par les Commis de la Doüane, & confisquée, que la perte seroit à moitié, & que où lesdites marchandises seroient voicturées sans risques
audit Sainct Chamond, que le profit des
droicts de Doüane seroit partagé, ensemble de la vente desdites soyes. Qu'en suite
dudit traitté, lesdites bales soyes estans arriuées audit lieu de Sainct Chamond sans
auoir esté arrestées ny saisies, ledit la Tour
baillat ladite moitié du profit audit Fourna ; Qu'ils vindrent coucher dudit lieu de
Vent à Croze-mouton, en vne maison
proche Saincte Sigoulaine, appartenant à
Monsieur de Boucherolles en Velley proche sainct Didier. Qu'vn Muletier du Viuaretz, que lesdits la Tour & Fourna
auoient prins pour leur ayder à faire ladite
Voiture auec trois mulets, ne voulut jamais
passer outre ledit lieu de Croze-mouton,
quelque asseurance que ledit la Tour luy
fit, qu'en cas qu'il fust rencontré par les
Gardes de la Doüane, il payeroit ses mulets. Qu'estāt audit lieu de Croze-mouton,
vn des mulets dudit la Tour s'estant treuué
encloüé, il l'enuoya à Sainct Didier chez vn

 Mar

1652. Marchand ſien amy nommé Claude Deſ-
hommes, où ledit mulet demeura trois ſe-
maines. Que ledit la Tour, ayant laiſſé ſa
Voiture audit lieu de Croze-mouton, s'en
allat à Sainct Chamond, pour aduertir les
Marchands auſquels appartenoit la marchandiſe, pour auoir des Voituriers pour
conduire ladite ſoye audit lieu de Sainct
Chamond. Qu'eſtant audit lieu de Sainct
Chamond, il fiſt marché de ladite conduite auec Iacques Fontanel dit Gamard
à vingt liures par charge. Qu'eſtant re-
tourné dudit Sainct Chamond audit lieu
de Croze-mouton, il rencõtra douze
autres bales ſoyes venans de Baignol, appartenans à Iean Baptiſte & Antoine Gayot
freres, conduites par Pierre Moulin de
Sainte Sigoulaine; Que tant leſdites ſeize
bales, que douze treuuées audit lieu de
Croze-mouton, furent conduites & voicturées nuictamment en vne Grange proche
S. Chamond appartenant au nommé Iolly,
eſcortées de quarante perſonnes tant à pied
qu'à cheual, armés de piſtolets & autres
armes prohibées par l'Ordonnance; Requeroit que ledit Matte, lors en cette Ville,
fut amené pied à pied pour reſpondre ſur
le tout, circonſtances & dependances, pour

ce

ce fait prendre par luy telles fins & conclufions qu'il verroit eftre à faire par raifon,
ladite Requefte fignée de Dru fon Procureur, au bas de laquelle eft l'Ordonnance
de Monfieur Me Pierre de Seue, l'vn de
Nous, conforme à ladite requifition, en
datte du dix-huictiéme Decembre mil fix
cens cinquante vn, fignée par Extrait de
noftre Greffier. Les refponces perfonnelles dudit Pierre la Tour, faites pardeuant
ledit fieur de Seue ledit jour dix-huictiéme
Decembre, au bas defquelles eft fon Ordonnance renduë fur la requifition de
Tournus Clerc principal dudit Dru, portãt
acte defdites refponces, & que par faute de
bailler par ledit la Tour bonne & fuffifante
caution, conftituer Procureur, & eflire domicile en cette Ville, il feroit arrefté prifon-
nier, & ce nonobftant oppofitions ou appellations quelconques, & fans prejudice
d'icelles. L'Acte d'eflection de domicile
faite par ledit la Tour, en execution de la
fufdite Ordonnance, en la maifon & perfonne de M Claude Defverneys Procureur
és Cours de Lyon ; lequel, lors prefent, il
faifoit & conftituoit fon Procureur, en datte du lendemain dix-neufviéme dudit mois
de Decembre. Autre Ordonnance dudit

G 3   Sieur

652. sieur de Seue, du mesme jour, renduë sur les remonstrances & requisition dudit Desverneys Procureur dudit la Tour, portant que dans le lendemain dix heures de matin, ledit de la Ruelle delibereroit aux responces personnelles dudit la Tour, autrement pourueu & passé outre, nonobstant oppositions ou appellations quelconques, & sans prejudice d'icelles ; laditte Ordonnance signifiée audit Dru Procureur dudit de la Ruelle le mesme jour. Autre Ordonnance dudit sieur de Seue, portant permission audit de la Ruelle de faire informer du contenu en ladite plainte, ce qu'il feroit dans le mois ; Et que cependant ledit la Tour seroit eslargy desdites prisons, en baillant par luy caution de la somme de cinq cens liures, & promettant de se representer à toutes assignations faites au domicile par luy esleu, à peine de conuaincu, & qu'il seroit passé outre nonobstant oppositions ou appellations quelconques, & sans prejudice d'icelles, Et l'Acte de cautionnement fait par ledit Me Desvernéys, de la personne dudit la Tour pour l'eslargissement de sa personne, de le representer, ou payer le jugé jusques à la somme de cinq cens liures, & Ordonnance en suitte que

que ledit la Tour feroit eſlargy deſdites 1652 priſons, Et pour faire ſon relaſche, commis noſtre dit Greffier, & qu'il ſeroit paſſé
outre nonobſtant oppoſitions ou appellations quelconques, & ſans prejudice d'icelles, en datte du vingtiéme dudit mois de
Decembre, ſignée de noſtredit Greffier.
L'Information faite pardeuant ledit ſieur
de Seue à la Requeſte dudit de la Ruelle,
compoſée de quatre teſmoins, en datte du
vingtiéme Ianuier mil ſix cens cinquante
deux, au bas de laquelle eſt l'Ordonnance
dudit ſieur de Seue, renduë ſur la requiſition dudit Dru Procureur dudit de la
Ruelle, portant que les teſmoins ouys en
ladite Information, ſeroient adjournez à
comparoir pardeuant luy à jour & heure
certaine, pour eſtre recolez à leurs depoſitions, & confrontez audit Pierre la Tour,
comme auſſi ledit la Tour, au domicile par
luy eſleu, pour comparoir à meſme jour &
heure que leſdits teſmoins, pour ſouffrir
ladite confrontation, autrement & à faute
de ce faire audit jour & heure, que le recol
qui ſeroit fait deſdits teſmoins, à leur depoſition, tiendroit lieu de ſuffizante confrontation à ſa contumace, & ce nonobſtant
oppo   ﬁ ou appellations quelconques,

G 4   &

& fans prejudice d'icelles, laditte Ordonnance du huictiéme Iuin audit an mil six cens cinquante deux, le tout figné par collation de noftre dit Greffier. Autre Ordonnance dudit fieur de Seue, renduë fur la requifition de Me Defverneys Procureur, & affifté dudit Pierre la Tour, à ce qu'attendu que ledit de la Ruelle n'auoit fatisfait à nos precedentes Ordonnances, qu'il fut renuoyé abfous des fins & conclufions contre luy prifes, auec defpens, dommages & interefts, & que où nous ne voudrions prononcer fur fon abfolution, qu'il fut ordonné que ledit de la Ruelle feroit comme deuant, mettre le procés en eftat dans trois jours, autrement, & à faute de ce, qu'il feroit pourueu, & acte des proteftations qu'il faifoit pour ledit la Tour, de tous fes defpens, dommages & interefts, & fraiz de fon fejour, laditte Ordonnance portant acte defdittes remontrances, requifitions & proteftations; enfemble de la prefence dudit la Tour, & de l'affirmation par luy faite d'eftre venu exprès en cette Ville, & que ledit de la Ruelle feroit mettre en eftat laditte procedure dans trois femaines pour toutes prefixions & delays, autremét pourueu, & qu'il feroit paffé outre nonobftant
oppofi

oppoſitions ou appellations quelconques, **1652.**
& ſans prejudice d'icelles,en datte du quinziéme du mois de May audit an , au bas de
laquelle eſt autre Ordonnance dudit Sieur
de Seue,renduë ſur la requiſition dudit Mᵉ
Deſverneys Procureur , & aſſiſté dudit
Pierre la Tour, à ce que ledit ſieur de la
Ruelle fût deſlors forclos d'inſtruire ſadite
pretenduë contrauention,& en conſequence , que ledit la Tour fut renuoyé abſous,
auec deſpens,dommages & intereſts,& où
on ne le voudroit deſlors vuyder diffiniti-
uemẽt, que la cautiõ par luy baillée iuſques
à la ſomme de cinq cens liures, laquelle il
auoit conſignée, fut deſchargée, affin qu'il
peut joüir de ſon bien,& ce nonobſtant oppoſitions ou appellations quelconques , &
ſans prejudice d'icelles, apres l'affirmation
que ledit la Tour eſtoit preſt de faire d'eſtre
venu expres en cette Ville,& ſous les proteſtations qu'il faiſoit des fraiz de ſon
ſejour , laditte Ordonnance portant acte
deſdittes remonſtrances,& de l'affirmation
faite par ledit la Tour d'eſtre venu expres
en cette Ville, & que comme deuant, dans
le Lundy lors ſuiuant, ledit de la Ruelle
mettroit en eſtat ledit procés , autrement
qu'il ſeroit pourueu au premier Bureau ſur

1652. la requisition dudit Desverneys, & qu'il seroit passé outre nonobstant oppositions ou appellations quelconques,& sans prejudice d'icelles, laditte Ordonnance en datte du septiesme dudit mois de Iuin dernier, signifiée audit Me Dru Procureur dudit de la Ruelle le mesme jour, en parlant à sa personne., le tout signé de nostre Greffier. La Commission audit de la Ruelle, desliurée en suitte de la susditte Ordonnance, du huictiéme Iuin, aux fins de faire assigner les tesmoins ouys en son Information,pour estre recolez en leurs depositions, & confrontez audit la Tour; comme aussi ledit la Tour à mesme jour, lieu & heure, pour souffrir ladite confrontation,en datte dudit jour huictiesme Iuin mil six cens cinquante deux, au bas de laquelle est l'Exploit d'assignation baillée ausdits tesmoins par Gletain Sergent Royal, en datte du dixiesme dudit mois de Iuin. Autre Commission audit de la Ruelle desliurée à mesmes fins, au bas de laquelle est l'Exploit d'assignation baillée audit Pierre la Tour aux fins de souffrir ladite confrontatió,par Poncet Huissier au Bureau des Finances à Lyon, ledit jour huictiesme Iuin mil six cens cinquâte deux, & ce en parlant à Bureteau Clerc principal
dudit

dudit Me Defverneys layné, treuué au do- 1652.
micille dudit Me Defverneys, en la maifon & perfonne duquel ledit la Tour auoit
efleu fon domicille. Le Recol fait des tefmoins ouys en la fufditte information
pardeuant ledit fieur de Seue, fur la requifition de Tournus Clerc principal dudit M^e
Dru Procureur dudit de la Ruelle, du qua-
torziefme dudit mois de Iuin, au bas duquel
eft l'Ordonnance dudit fieur de Seue, renduë fur la requifition dudit Tournus Clerc
principal dudit Me Dru, portant que par
faute de comparoir par ledit la Tour dans
le lendemain huiƈt heures de matin pour
fouffrir laditte confrontation, le Recol qui
auoit efté fait defdits tefmoins à leur
depofition, tiendroit lieu de fuffifante confrontation à fa contumace, & ce nonobftant
oppofitions ou appellations quelconques,
& fans prejudice d'icelles, fignifiée à M^e
Defverneys Procureur dudit la Tour, en
parlant à fa perfonne ledit jour quatorziéme Iuin. Autre Ordonnance au bas d'i-
celle du lendemain quinziéme dudit,
portant Aƈte de la prefence defdits tefmoins ouys en laditte Information; que
conformement à la precedente Ordonnance, & par faute d'eftre comparu par
ledit

1652.　ledit la Tour, que ledit Recol tiendroit lieu de suffisante confrontation à sa contumace, & que la procedure seroit expediée audit de la Ruelle pour conclurre, & qu'il seroit passé outre nonobstant oppositions ou appellations quelconques, & sans prejudice d'icelles, laditte Ordonnance signifiée audit Me Desverneys Procureur dudit la Tour le mesme jour, le tout signé par collation de nostre Greffier. Les Conclusions ciuiles dudit Me Toussaint de la Ruelle, à ce qu'iceluy la Tour fût condamné en l'amande de trois mil liures enuers le Roy, profitable audit demandeur suiuant son Bail, & en dix mil liures pour les dommages & interests par ledit demandeur soufferts pendant le temps de sa Ferme à cause desdittes contrauentions frequentes, commises ausdits Edits par ledit la Tour, consideration que lesdittes soyes luy estoient acquises à cause desdittes contrauentions, & que la valeur d'icelles est de beaucoup plus grande que laditte somme de dix mil liures, & aux despens des procedures, & qu'au payement du tout, ledit la Tour & ses cautions, fussent contrains comme depositaires de biens de Iustice, lesdittes conclusions signées dudit

Dru

Dru son Procureur. Tout consideré, & 1652.
ouy Mᵉ Pierre Bollioud Mermet, Aduocat
du Roy pour le Procureur du Roy,

I L E S T D I T, Que ledit la Tour dit
Matte, est declaré suffisamment attaint &
conuaincu d'auoir contreuenu aux Edits &
Ordonnances de sa Majesté pour le fait des
Doüanes, pour raison dequoy l'auons condamné en deux cens liures d'amande enuers le Roy, & en trois cens liures de dom-
mages & interests enuers ledit de la Ruelle,
& aux despens des procedures, & ce non-
obstant oppositions ou appellations quel-
conques, & sans prejudice d'icelles, signé
Charrier President, Demerle, Conseillers
du Roy, Tresoriers generaux de France au
Bureau des Finances estably à Lyon, Seue
Conseiller du Roy en ses Conseils d'Estat
& Priué, President & Lieutenant General
en la Seneschaussée & Siege Presidial de
Lyon, Iustinian Croppet Conseiller du
Roy, Maistre des ports, ponts & passages,
Bollioud Mermet, & Lorin, Aduocat &
Procureur du Roy.

Prononcé à Mᵉ Dru Procureur dudit
Mᵉ Toussaint de la Ruelle Fermier susdit,
& à Mᵉ Desverneys layné Procureur dudit

1652. dit Pierre la Tour dit Matte deffendeur & accusé, en parlant à leurs personnes, lequel Me Desverneys a protesté de se pouruoir : Acte le vingtiéme Aoust mil six cens cinquante-deux.

Collationné,

PERROT Greffier.

Autre

Autre Sentence des Iuges de ta Doüane
de Lyon du 16. Decembre 1652. par
laquelle sont confisquez deux Cheuaux
chargez de deux Balots soyes venans
de Prouence, qui passoyent le Rosne
du costé des Isles de S. Pierre de Bœuf.

LEs Iuges establis par Edict de sa Majesté pour la Doüane de Lyon, Sçauoir faisons. Qu'estans au Bureau de la ditte Doüane, s'est presenté Me Iean Dru Procureur de Me Nicolas Pinçon, Fermier & Adjudicataire general des cinq Grosses Fermes de France, la Doüane de Lyon y comprise, qui Nous a dit ; Que le Samedy neufuiéme jour du mois de Nouembre dernier, le nommé Pierre Coppin, l'vn des Gardes de la Doüane de Lyõ, auroit fait rencontre de quelques personnes qui trauersoient le Rosne du costé des Isles de S. Pierre de Bœuf, conduisans des soyes venans de Prouence, lesquels ayans pris terre du costé desdittes Isles enuiron sur la mi-nuict, ledit Coppin leur auroit fait commandement

1652. mandement de s'arrester, & luy faire voir les marchandiſes qu'ils portoient, mais au lieu de ce faire, ils auroient tiré quelques coups de Fuzils, prins la fuite par les Bois & Broſſailles, & laiſſé & abandonné deux Paquets ſoye, & deux petits Cheuaux, l'vn à celle & l'autre à bats, leſquels Paquets ſoye peſans quatre-vingts quatorze liures auec les ſerpillieres & cordes d'emballages, enſemble leſdits deux Cheuaux, ledit Coppin auroit ſaiſi à la Requeſte dudit Pinçon, & du tout dreſſé ſon Verbal, lequel a eſté remis en noſtre Greffe des le vingtiéme du mois de Nouembre dernier, & ayant ledit Pinçon aprins par celuy, que le nommé Iean du Velay Mareſchal du lieu de S. Eſtienne, eſtoit en la compagnie de ceux qui conduiſoient leſdites ſoyes, il auroit requis ledit jour vingt-vnieſme Nouembre, que ledit du Velay, & autres qui ſeroient indiquez ou ſoupçonnez complices, ou autheurs de laditte contrauention, fuſſent adjournez à comparoir en perſonne, pour reſpondre ſur ledit Verbal, circonſtances & dependances : Ce que luy ayant eſté accordé par Monſieur le Lieutenant particulier du Sauzey, pour l'abſence de Monſieur le Preſident & Lieutenant general, Il a fait

aſſigner

aſſigner ledit Iean du Vellay, contre lequel
par faute d'eſtre comparu à laditte aſſignation, Nous aurions le troiſiéme du preſent
donné defaut, & pour le profit, ordonné
qu'il ſeroit prins au corps, mené & conduit
ſous bonne & ſeure garde és Priſons de
cette Ville, pour y eſtre detenu juſques à
ce qu'il euſt reſpondu, & autrement fût ordonné : En ſuite de laquelle, & par vertu
de la commiſſion à luy déliurée ſur icelle
ledit jour troiſiéme du preſent, Il a fait faire perquiſition de pouuoir apprehender ledit Iean du Vellay, comme appert par les
Exploits de Iean Sauge Sergent Royal ex-
ploitant par tout le Royaume reſident à
Luppé, qu'il a en main, en datte des
neufviéme & dixiéme dudit preſent mois
de Decembre; Veu leſquels il Nous re-
quier, attendu qu'il nous appert par la lecture du Verbal de ſaiſie deſdittes ſoyes &
cheuaux, de la manifeſte contrauention
faite aux Edicts, Arreſts, & Ordonnan es
de ſa Majeſté, par la conduite faite nui-
tamment & par chemins detournez, au lieu
de les conduire en cette Ville pour y payer
& acquiter les droicts conformement & au
deſir deſdittes Ordonnances ; Que tant
leſdits deux paquets ſoye que cheuaux ſai-

H

ſis,

 fis, foient declarez acquis & confisquez au
profit dudit Pinçon, & que ledit du Vellay
foit affigné à comparoir à trois briefs jours,
fes biens faifis & annotez, & mis fous la
main du Roy & de Iuftice, pour ce fait
prendre & requerir, par ledit Pinçon, la
condamnation des defpens & l'amande in-
ditte par lefdittes Ordonnances, tant contre ledit du Vellay que autres qu'il pourra
apprendre eftre complices, & ce nonobftant oppofitions ou appellations quelconques, & fans prejudice d'icelles : Surquoy,
apres s'eftre ledit Dru retiré, & veu par
Nous le procés Verbal de faifie fait par
Pierre Coppin l'vn des Gardes de la Douane de cette Ville, le Samedy neufviéme
jour du mois de Nouembre mil fix cens
cinquante deux ; Contenant qu'ayant eu
aduis que quelques perfonnes deuoient
nuictamment faire paffer fur la riuiere du
Rofne, aux Ifles de S. Pierre de Bœuf, des
foyes venans de Prouence du cofté du
Dauphiné, pour les conduire à S. Chamond, S. Eftienne où ailleurs, pour frauder
les droicts de Douane deubs à fa Majefté;
Il fe feroit, affifté de Angelicq Chaudezon
Garde au Grenier à Sel du Boug Argental,
Pierre Barbier Greffier de Luppé, François
Gay

Gay cordonnier, & Antoine Marllon batte-
lier, trãſporté aux Iſles de S. Pierre de Bœuſ,
où ayant ſejourné juſques enuiron la Mi-
nuict, il auroit veu venir dudit Dauphiné
ſur ladítte riuiere du Roſne vn Batteau trauerſant icellé Riuiere aux Iſles S. Pierre de
Bœuf, dans lequel il y auoit quatre hommes, leſquels ayans mis pied à terre, il leur
auroit fait commandement, de par le Roy
& Iuſtice, de luy faire voir les marchandiſes qu'ils portoient, mais au lieu de ce faire & de l'attendre, & ſes aſſiſtans, ils auroient prins la fuite parmy les Bois & Broſſailles, apres auoir tiré ſur eux quatre coups
de fuzils, ayans abandonnez & laiſſé deux
Paquets ſoye & deux petits Cheuaux, l'vn
à celle & l'autre à bas, qu'il auroit conduits
audit S. Pierre de Bœuf, & remis au pouuoir de Iean Chanal hoſte dudit lieu, du
Logis où eſt pour enſeigne Sainct Nicolas,
enſemble ladítte ſoye, qui s'eſt treuuée pe-
zer quatre vingts quatorze liures auec les
ſerpillieres & cordes d'ambalages, ſuiuant
ce qui en auoit eſté par luy fait en preſence
de Loüys Valet & Antoine Talancier La-
boureurs dudit S. Pierre de Bœuf, lequel
Chanal s'eſtoit rendu gardiateur du tout,
& promis le rapporter toutesf   quan-

tes

1652. .tes qu'il seroit ordonné, comme depositaires de Iustice; Desquelles susdittes quatre
personnes ils n'auroient peu reconnoistre
que le nommé Iean du Velay Mareschal du
lieu de S. Estienne, ledit Verbal remis en
nostre Greffe par Me Iean Dru, Procureur
dudit Me Nicolas Pinçon, le vingt-vnies-
me dudit mois de Nouembre, au bas du-
quel est, l'Ordonnance de Monsieur le
Lieutenant particulier du Seuzey renduë
sur la requisition dudit Dru, portant Acte
desdites requisitions, & que ledit Iean du
Velay, & autres qui seroient indiquez ou
soupçonnez complices ou autheurs, seroient adjournez à comparoir en personne
pour respondre sur le contenu audit Verbal, circonstances & dependances, & ce
nonobstant oppositions ou appellations
quelconques; & sans prejudice d'icelles, en
datte du vingt-vniéme dudit mois de Nouembre: La Commission audit Pinçon, déliurée le mesme jour en suite de laditte Ordonnance signée de nostre Greffier, au bas
de laquelle est l'Exploit d'assignation baillée audit Iean du Velay en parlant à sa personne, pour comparoir en personne pour
respondre, en datte du vingt-cinquiesme
dudit mois de Nouembre, signée Sauze
Sergent

Sergent Royal. Autre Ordonnance ren-
duë par Monsieur Me Pierre de Seue l'vn
de Nous, sur la requisition dudit Dru Procureur dudit Pinçon, portant Acte desdites requisition & deffaut contre ledit Iean
de Velay, pour le profit duquel il seroit
prins au corps, mené & conduit sous bonne & seure garde és Prisons Royaux de
cette Ville, pour y estre detenu jusques à
ce qu'il eust respondu & autrement fust ordonné, & ce nonobstant oppositions ou appellations quelconques, & sans prejudice
d'icelles, en datte du troisiéme du present
mois de Decembre, signée de nostre Greffier. La Commission audit Pinçon deliurée le mesme jour en suite de laditte Ordonnance, au bas de laquelle sont trois Exploits de perquisition de pouuoir treuuer
& apprehender ledit Iean du Velay, pour
iceluy saisir au corps à la forme de laditte
Commission, lesdits Exploits en datte des
neufviéme & dixiéme dudit mois de Decembre signez Sauze Sergent Royal. Tout
consideré, & ouy Me Pierre Bollioud Mermet, Aduocat du Roy pour le Procureur
du Roy,

Il est dit, que lesdits deux Paquets soye & Cheuaux sont declarez acquis

H 3

quis & confisquez au profit de sa Majesté, ses Fermiers & ayans droict, & ordonné que lesdits deux paquets soye, demeureront entre les mains d'André Merlat Recepueur general en laditte Doüane, en s'en rendant par luy gardien & depositaire de Iustice, promettant de les representer & rendre audit Pinçon, lors & quant il aura justifié du Bail & Ferme à luy passée de la ditte Doüane par sa Majesté, Et que ledit Iean du Velay sera adjourné à trois briefs jours, ses biens saisis, annotez, & mis sous la main du Roy & de Iustice, & ce nonobstant oppositions ou appellations quelconques & sans prejudice d'icelles, signé Mascrany President, Charrier, Conseillers du Roy Tresoriers generaux de France au Bureau des Finãces estably à Lyon, Seue Conseiller du Roy en ses Conseils d'Estat & Priué, President & Lieutenant General en la Seneschaussée & Siege Presidial de Lyon, Iustinian Croppet Conseiller du Roy, Maistre des ports, ponts & passages, Bollioud Mermet, & Vidaud, Aduocat, & Procureur du Roy.

Prononcé à Me Dru Procureur dudit Me Nicolas Pinçon demandeur, en parlant

à sa

à sa personne. Acte le Lundy seiziesme 1652
jour du mois de Decembre mil six cens
cinquante deux.

Collationné,

PERROT Greffier.

H 4 *Acte*

Autre Sentence des Iuges de la Doüane de Lyon du 14. Ianuier 1653. contre les nommez Henry & Antoine Gayot, & autres, pour contrauentions par eux faites aux Edicts & Ordonnances du Roy pour le faict des Doüanes.

LEs Iuges establis par Edict de sa Majesté pour la Doüane de Lyon, Sçauoir faisons; Qu'au procés extraordinairement poursuiuy à la Requeste de Me Toussaint de la Ruelle cy-deuant Fermier general des cinq Grosses Fermes de France la Doüane de Lyon y comprise, demandeur & accusateur à l'encontre de Henry & Antoine Gayot freres, Claude Clappeyron, Gabriel Chadel, Louys Martin, Antoine Pourra, Mathieu Deville, Mathieu des Grands, Pierre Martinier, Claude Pecoil, Marcellin Mazenod, Iean Baptiste Crupisson, Iean Buet, & Iacques Pollicart deffendeurs & accusez   VEV par Nous la Requeste à nous presentée le treiziéme Ianuier mil six cens cinquante par Me Nicolas

colas Pierrelot & Philippes Mellier, Fermiers du Tiers sur taux & Quarantiéme
de cette ville de Lyon, expofitiue; Que
par les Reglemens & Ordonnances de fa
Majefté, mefmes par les Arrefts rendus
en fuite, il eftoit porté que toutes les marchandifes venans des Prouinces circonuoi-
fines & autres, feroient conduites & voicturées par les chemins ordinaires en cette
Ville, pour y acquitter tant les droicts de
Doüane, que Tiers fur Taux & Quarantiéme aux peines y portées, & neantmoins
ils auoient eu auis que journellement plufieurs Marchands & Voicturiers, tant de
Sainct Chamond que autres endroits, voic-
turoient & faifoient voicturer à heures in-
dues, par chemins obliques, deftournez,
& par confequent prohibez, des marchandifes de foye, & autres de diuerfes nature,
tant audit Sainct Chamond qu'ailleurs, fans
venir en cette ditte Ville, ny acquitter lefdits droicts, ayans mefmes fceu qu'aucuns
des Commis & Gardes du Fermier de laditte Doüane, conniuoient auec lefdits
Marchands & Voicturiers au grand prejudice & dommage defdits demandeurs;
Concluoient à ce qu'il leur fût permis de
faire informer du contenu en icelle, cir-

H 5   conftances

1653. constances & dependances, pour ce faict, prendre par eux telles fins & conclusions que de droict : Et attendu la difficulté qu'il y auoit d'amener en cette Ville les tesmoins qui deposeroient desdites contrauentions, pour estre personnes employées ou infirmes & auancées en aage, il Nous plût commettre le premier Notaire ou Iuge Royal requis, pour ladite information par eux faite & rapportée close & cachetée, estre pourueu ainsi qu'il appartiendroit, & ce nonobstant oppositions ou appellations quelconques, & sans prejudice d'icelles, au bas de laquelle est l'Ordonnance de Monsieur Me Pierre de Seue l'vn de Nous conforme ausdites conclusions, en datte dudit jour treiziéme Ianuier mil six cens cinquante. Extraict de la Commission ausdits Pierrelot & Mellier, deliuré de l'Ordonnance de Me Gabriel Teuenet Cappitaine Chastelain & Iuge Royal de Fay & Sainct Iean de Bonnefont en suite de ladite commise, pour faire assigner tesmoins pour dire & deposer verité de ce qu'ils scauroient & seroient enquis sur le contenu en la Requeste desdits Pierrelot & Mellier, circonstances & dependances, signée dudit Theuenet & de Guillaume commis Greffier,

Greffier, en datte du dix-septiéme de Feurier, au bas de laquelle est l'Exploict d'af-
signation donnée ausdits tesmoins le mefme jour par Collaud Sergent Royal au
Balliage de Forests.   L'Information faite
pardeuant ledit sieur Theuenet Chastelain
& Iuge Royal de Fay & Sainct Iean de
Bonnefont composée de quatre tesmoins,
en datte dudit jour dix-septiéme de Feurier, de luy signée, & dudit Guillaume
commis Greffier, le tout signé par Extraict
collationné de nostre Greffier.   Les Remonstrances faites pardeuant ledit Sieur
de Seue le vingt-vniéme dudit mois de Feurier, par Mᵉ André Perrodon Procureur
desdits Nicolas Pierrelot & Philippes Mellier, au bas desquelles est l'Ordonnance
dudit Sieur de Seue, portant Acte de la remise faite par ledit Perrodon és mains de
nostre Greffier, de l'Information faite pardeuant ledit Theuenet à ces fins par luy
commis, & qu'en continuant icelle il feroit par luy procedé à l'audition des tefmoins adjournez à comparoir pardeuant
luy, en suite desquelles est l'Information
par luy faite composée de deux tesmoins,
& son Ordonnance renduë sur la requisition dudit Perrodon, portant que les nommez

1653. mez Louys Martin, Henry & Antoine Gayot, seroient adjournez à comparoir en personne pour respondre sur le contenu en ladite Information, circonstances & dependances, & ce nonobstant oppositions ou appellations quelconques, & sans prejudice d'icelles. Les Remonstrances faites pardeuant ledit Sieur de Seue par Me Iean Dru Procureur de Me Toussainct de la Ruelle, Fermier general des Cinq grosses Fermes de France la Doüane de Lyon y comprise ; Contenant, qu'ayant eu auis de la Procedure extraordinairement faite à la Requeste desdits Pierrelot & Mellier, Fermiers des droicts de Tiers sur Taux & Quarantiéme de cette Ville, appartenans aux Sieurs Preuost des Marchands & Escheuins d'icelle ; pour raison des contrauentions qui se commettent journellement au mespris des Ordonnances, Arrests, & Reglemens de sa Majesté, par plusieurs Marchands & Voicturiers, voicturans & faisans voicturer à heures indües, & par chemins obliques, destournez, & deffendus par lesdits Edicts & Ordonnances, des soyes & autres marchandises, tant au lieu de Sainct Chamond que autres, sans venir en cette Ville y acquitter les droicts de Doüane

Doüane deubs pour raison d'icelles ; Lefquelles pourfuites ils ne pouuoient faire,
ains deuoient eftre faites par ledit de la
Ruelle, feul auquel appartenoient les ama-
des qui pouuoient eftre adjugées contre
lefdits contreuenans , conformement au
Bail qui luy auoit efté fait & paffé par fa
Majefté des droicts de ladite Doüane, ainfi
que nous auions jugé par plufieurs nos Iugemens rendus fur pareilles difficultez :
Requeroit ledit Dru acte de l'Interuention
qu'il faifoit pour ledit de la Ruelle en ladite
pourfuite, qu'il luy plût, conformement à
nos precedens Iugemens, ordonner que lefdites pourfuites fe feroient par ledit de la
Ruelle, & qu'il luy feroit permis de faire
executer les decrets, par luy decernez contre les accufez, fur les Informations fur ce
faites, & ce nonobftant oppofitions ou appellations quelconques , & fans prejudice
d'icelles, au bas defquelles eft l'Ordonnance dudit Sieur de Seue, contenant Acte
defdites remontrances, interuention & requifition, & qu'en confequence de nos precedens Iugemens il eftoit permis audit de
la Ruelle de faire proceder au parachèue-
ment defdites Informations, & de faire
executer les decrets d'adjournement per-
fonnels

 fonnels decernez contre lefdits Martin, Henry & Antoine Gayot, & ce nonobftant oppofitions ou appellations quelconques, & fans prejudice d'icelles, en datte du deuxfiéme Auril audit an mil fix cens cinquante. Autres Remonftrances faites pardeuant ledit Sieur de Seue par ledit Dru Procureur dudit Me Touffainct de la Ruelle, de ce qu'ayant eu auis qu'en l'année mil fix cens quarante-huict, incontinent apres la Foire de la Magdelaine, les fieurs Marcellin Mazenod & Claude Pecoil marchands, firent charger au lieu de Beaucaire vingt-huict charges foyes en la maifon de Iacques Conaux, qui furent voicturées par des chemins obliques, pafferent à Montpeza aux Eftables la Pau, & vindrent au Chafteau de la Fay appartenant au fieur de la Borie, où fe treuuerent les nommez Florent facteur dudit Mazenod, & le fils dudit Pecoil, auec cinquante hommes d'armes à cheual ou à pied, de-là vindrent à Villebœuf tout de nuict proche Sainct Eftienne, & de-là à Sainct Chamond tout de nuict, efcortez comme deffus jufques à Sainct Chamond, où ils defchargerent nuictamment chez le nommé Simond Crupiffon, fans auoir fuiui les chemins defignez par

les

les Ordonnances & Edicts de sa Majesté,
consigné ny acquitté les droicts de Doüane
pour raison desdites vingt-huict charges
soye, non plus que pour autres cinq charges soye que lesdits Mazenod & Pecoil
auoient fait voicturer du lieu de Pierrelatte,
& deux autres bales soyes qu'ils auoient
fait charger au Bourg S. Andeol, qu'ils a-
uoient, de mesmes que les susdittes, fait
conduire par chemins obliques, & icelles
descharger audit Sainct Chamond chez ledit Crupisson, que plusieurs autres Marchands de Sainct Chamond, Sainct Estienne, & de cette Ville, auoient fait pendant
ladite année mil six cens quarante-huict,
mil six cens quarante ueuf, & mil six cens
cinquante, que autres precedentes, conduire & voicturer plusieurs bales de soye
par voyes obliques auec armes nuictamment, & icelles fait descharger ausdits
lieux de Sainct Chamond, Sainct Estienne,
Sainct Paul en Iarests, & autres lieux cir-
conuoisins, sans auoir payé ny acquitté les
droicts deubs à sa Majesté pour raison d'i-
celle, dont il faisoit plainte, & requeroit
permission d'informer du tout, circonstances & dependances ; à ces fins que lettres
necessaires luy fussent octroyées pour faire

assigner

1653. affigner tefmoins, & permiffion de faire fulminer Lettres Monitoires *nemine dempto*, & qu'il fût paffé outre nonobftant oppofitions ou appellations quelconques, & fans prejudice d'icelles. En fuite defquelles eft l'Ordonnance dudit Sieur de Seue conforme aufdites requifitions, en datte du quatriéme dudit mois de Feurier, deux commiffions audit de la Ruelle le mefme jour defliurées fur ladite Ordonnance, pour faire affigner tefmoins pour eftre ouïs, dire, & depofer verité de ce qu'ils fçauroient & feroient enquis, fignées de noftre Greffier, au bas defquelles font les Exploits d'affignations données aux tefmoins que ledit de la Ruelle entendoit faire ouyr, par Poncet Huiffier au Bureau des Finances & Arnaud Sergent Royal, en datte du huictiéme dudit mois de Feurier mil fix cens cinquante-vn & quinziéme Ianuier mil fix cens cinquante-deux. L'Information faite en fuite à la Requefte dudit de la Ruelle pardeuant ledit fieur de Seue compofée de huict tefmoins, en datte des neufviéme dudit mois de Feurier mil fix cens cinquante-vn & quinziéme de Ianuier mil fix cens cinquante-deux; Et fon Ordonnance portant que lefdits Crupiffon, Clapeyron, Iacques

ques Pollicard Mazenod & Pecoll, seroient **1653.**
adjournez en personne pour respondre sur
lesdites informations, circonstances & dependances, & ce nonobstant oppositions
ou appellations quelconques & sans prejudice d'icelles, en datte dudit jour neufviéme Fevrier mil six cens cinquante-vn. La
Commission audit de la Ruelle déliurée sur
icelle le vnziéme dudit mois de Fevrier signée de nostre Gruffier, au bas de laquelle
est l'Exploit d'assignation donnée audit Pollicard le mesme jour par ledit Poncet Huissier au Bureau des Finances. Les Responces personnelles dudit Iacques Pollicard
faites deuant ledit sieur de Seue ledit jour
vnziéme de Fevrier mil six cens cinquante
vn, & son Ordonnance en suite, portant
qu'il estoit delaissé en l'estat, apres qu'il
auoit constitué Procureur Me Desverneys
le jeune, en la maison & personne duquel
il élisoit son domicille, & promis de se representer à toutes assignations qui y seroiét
baillées. Autre Ordonnance dudit sieur
de Seue, renduë sur les remonstrances &
requisitions dudit Dru Procureur dudit de
la Ruelle, portant acte desdites requisitions,
& qu'il estoit permis audit de la Ruelle de
faire proceder au paracheuement de l'In-

I formation

1653. formation par luy commencée, circonstances & dependances, pardeuant le Lieutenant Ciuil & Criminel au Balliage de Saint Ferriol, à ces fins par luy commis, pour ladite Information faite & rapportée pardeuers luy close & seellée estre pourueu ainsi que de raison, & passé outre nonobstant oppositions ou appellations quelconques, & sans prejudice d'icelles, en datte du siziéme de Septembre audit an mil six cens cinquante-vn. Les Ordonnances rendues par Me Claude Parchas Conseiller du Roy, Lieutenant general Ciuil & Criminel au Balliage de Forests Siege de Saint Ferriol, portans, apres l'acceptation par luy faite de ladite Commise, que Commission seroit déliurée audit de la Ruelle par Me Antoine de Cellieres son Greffier pour faire assigner tesmoins. L'Acte de comparition de partie des tesmoins, & deffaut contre les assignez & non comparans, pour le profit duquel ils seroient reassignez à comparoir à peine de dix liures d'amende contre chacun d'eux, en datte des treiziéme, quatorziéme, seiziéme, & vingt-troiziéme dudit mois de Septembre. L'Information faite par ledit sieur Parchas Lieutenant general ciuil & criminel au Balliage de Saint Ferriol, com-

mencée

mencée ledit jour quatorziéme Septembre, composée de dix-huict tesmoins, signée dudit sieur Parchas & de Cellieres Greffier. La remise au Greffe faite par Nicolas Iambon Garde general pour la Doüane de cette Ville, d'vn paquet clos & caché en cinq diuers endroits du Seel du Balliage de Forests Siege de Saint Ferriol, dans lequel estoit, suiuant l'inscription estant sur iceluy, l'Information faite par ledit sieur Parchas Commissaire deputé à la Requeste dudit de la Ruelle contre les desnommez en icelle, de laquelle il auoit esté chargé par ledit sieur Parchas pour icelle remettre en nostre Greffe, dont il auroit requis acte à luy octroyé le dernier dudit mois de Septembre, en suite duquel est la requisition faite par ledit Dru Procureur dudit de la Ruelle de l'ouuerture dudit paquet, & l'Ordonnance dudit sieur de Seue portant, apres ouuerture dudit paquet à luy representé par nostre Greffier clos, & seellé en cinq diuers endroits du Seel dudit Balliage de Forests Siege de Saint Ferriol, dans lequel se seroit treuué lesdites Ordonnances & Informations, Acte de ladite ouuerture, & que le tout seroit communiqué audit de la Ruelle pour y deliberer

&

1653.

& requerir ce qu'il verroit, en datte dudit jour dernier Septembre. Autre Ordonnance par ledit sieur de Seue, renduë sur la réquisition dudit Dru Procureur dudit de la Ruelle, portant que les nommez Clapeyron, Gabriel Chadel, Martin, Pourra, Mathieu de Ville, Desgrands, & Pierre Martinier, seroient adjournez à comparoir en personne, pour respondre sur les charges & informations contre eux prises, circonstances & dependances, & qu'il seroit passé outre nonobstant oppositions ou appellations quelconques, & sans prejudice d'icelles, en datte du treiziéme de Nouembre suiuant. Deux Commissions audit de la Ruelle deliurées sur icelle le mesme jour, signées de nostre Greffier, au bas desquelles sont les Exploits d'assignations baillées aux denommez en icelles par Gletain Sergent Royal, en datte des quinziéme & vingt-huictiéme dudit mois de Nouembre mil six cens cinquante-vn. Les responces personnelles desdits Claude Clapeyron, Mathieu, Desgrands, Gabriel Chadel, & Antoine Pourra, faites pardeuant ledit sieur de Seue le dix-huictiéme dudit mois de Nouembre. Les responces personnelles dudit Louys Martin faites pardeuant

deuant ledit sieur de Seue le vingt-vniéme du mesme mois. Autre Commission audit de la Ruelle deliurée ledit jour vingt-hui-ctiéme Fevrier mil six cens cinquante-vn, pour adjourner à comparoir en personne lesdits Mazenod & Pecoil, signée de nostre Greffier, au bas de laquelle est l'Exploit d'assignation à eux donnée aux fins d'icelle par ledit Poncet Huissier au Bureau, en datte du vingtiéme dudit mois de Nouem-bre. Les responces personnelles dudit Claude Pecoil, faites pardeuant ledit Sieur le vingt-huictiéme dudit mois de Nouem-bre. Les responces personnelles desdits Pierre Martinier & Iean Buet, faites parde-uant ledit sieur de Seue le deuxiéme du mois de Decembre suiuant. Autre Com-mission audit de la Ruelle deliurée ledit jour deuxiéme Decembre, pour faire as-signer à comparoir en personne lesdits Henry & Antoine Gayot, pour respondre sur les charges & informations contre eux prises par ledit de la Ruelle, circonstances & dependances, au bas de laquelle est l'Ex-ploit d'assignation à eux donnée par Gletain Sergent Royal le neufviéme du mesme mois. Ordonnance dudit sieur de Seue renduë sur la requisition dudit Dru Procu-

I 3

reur

 reur dudit de la Ruelle, portant que par
faute de comparoir par lefdits Iean Baptifte Crupiffon & Mathieu de Ville, comme
deuant, dans la huictaine, apres l'affignation
qui leur feroit donnée pour refpondre conformément à fa precedente Ordonnance,
ils feroient amenez fous bonne & feure
garde, & ce nonobftant oppofitions où appellations quelconques & fans prejudice
d'icelles, en datte du cinquiéme dudit mois
de Decembre. La Commiffion audit de la
Ruelle deliurée le mefme jour fur icelle
contre lefdits Crupiffon & de Ville, au bas
de laquelle eft l'Exploit d'affignation à eux
donnée conformement à ïcelle, en datte
du neufviéme dudit mois de Decembre,
fignée dudit Gletain Sergent Royal. Les
réfponces perfonnelles dudit Iean Baptifte
Crupiffon, faites pardeuant ledit fieur de
Seue le mefme jour cinquiéme Decembre.
Les Remonftrances & requifitions faites
par Mᵉ Lambert Gayet Procureur defdits
fieurs Pecoil, Mazenod & Crupiffon pardeuant ledit fieur de Seue, au bas defquelles eft fon Ordonnance portant acte d'icelles, & que ledit de la Ruelle feroit proceder au recol & confront des tefmoins ouys
en l'Information faite à fa Requefte ; & ce

dans

dans la quinzaine, autrement forclos & pourueu, en datte du douziéme dudit mois de Decembre. Les responces personnelles desdits Henry & Antoine Gayot, faites pardeuant ledit sieur de Seue le quatorziéme du mesme mois, au bas desquelles sont les Remonstrances faites par Mᵉ Marcellin Mellier Procureur dudit Mathieu de Ville pour lequel il se presentoit, contenant que ledit de Ville ne pouuoit comparoir à l'assignation à luy donnée à la Requeste dudit de la Ruelle pour respondre en personne, estant attaint d'vne maladie qui luy empeschoit de ce faire, ainsi qu'il paroissoit par le Certificat & Attestation du sieur Aymé Parisot Maistre Chirurgien du lieu de Saint Estienne, qu'il exiberoit & remettroit en nostre Greffe. Requeroit à ce qu'il nous plust commettre tel Officier sur les lieux qu'il nous plairroit pour l'ouïr en ses responces, au bas desquelles est l'Ordonnance dudit sieur de Seue portant acte desdites remonstrances, requisitions, & remise au Greffe dudit Certificat, & que le tout seroit communiqué audit de la Ruelle pour y deliberer. La signification faite audit Dru Procureur dudit de la Ruelle contenant sa responce, & la signification de la-

I 4

dite

1653. dite responce faite audit M' Mellier Procureur dudit de Ville, en datte du mesme jour, & en suite la teneur dudit Certificat & Attestation datté du vnziéme dudit mois de Decembre. Autre Ordonnance dudit sieur de Seue, portant que, comme deuant, dans le premier Plaidoyable apres les Roys ledit de Ville comparoistra en personne pour respondre, passé lequel temps, qu'il estoit permis audit de la Ruelle de le faire amener & conduire sous bonne & seure garde és prisons Royaux de cette Ville, pour y estre detenu jusques à ce qu'il eust respondu & autrement fust ordonné, & que cependant les tesmoins ouys és Informations dudit de la Ruelle seroient ajournez pour estre recolez à leurs depositions, & confrontez aux accusez, lesquels seroient à mesme heure assignez pour souffrir ladite confrontation, autrement, & à faute de comparoir, que le Recol que seroit fait desdits tesmoins à leur deposition tiendroit lieu de suffizante confrontation, & qu'il seroit passé outre nonobstant oppositions ou appellations quelconques & sans prejudice d'icelles, en datte du vingtiéme dudit mois de Decembre. La Commission dudit de la Ruelle deliurée sur icelle contre ledit de Ville le mesme jour,

jour, au bas de laquelle eſt l'Exploit d'aſſi- **1653.**
gnation baillée audit de Ville en parlant à
ſa perſonne par Getain Sergent Royal, en
datte du vingt-neufviéme dudit mois de
Decembre. Autre Commiſſion audit de
la Ruelle le meſme jour vingtiéme Decembre, deliurée pour faire aſſigner leſdits teſmoins pour eſtre recolez en leurs depoſitions, & confrontez auſdits accuſez, enſemble leſdits accuſez pour ſouffrir ladite
confrontation, au bas de laquelle ſont les
Exploits d'aſſignations à eux données en
ſuite d'icelle par ledit Gletain & Charbon
Sergens Royaux, & Poncet Huiſſier au Bureau des Finances, en datte des vingt-neufviéme, trentiéme, & trente-vniéme, & dernier dudit mois de Decembre, premier,
cinquiéme, douziéme, quinziéme, & ſei-
ziéme du mois de Ianuier ſuiuant mil ſix
cens cinquante-deux. L'Ordonnançe renduë par Iean Baptiſte Ioly Aduocat en Parlement, Iuge du Marquizat de Saint Prié en
la ville de Saint Eſtienne de Furan, ſur les
Remonſtrances & requiſitions de Gabriel
Dauces Proçureur en ladite Cour, & dudit
Mathieu de Ville, portant açte d'icelles, &
que la perſonne dudit de Ville ſeroit veüe
& viſitée par Monſieur Me François Buyat

　　　Doçteur

1653. Docteur Medecin, & Me Louys Testel Doyen des Chirurgiens de ladite Ville, pour
faire Rapport sur les maladies & incommoditez dudit de Ville, pour iceluy seruir
ce que de raison, au bas de laquelle est le
Rapport fait pardeuant luy par lesdits Buyat & Testel, contenant qu'ils s'estoient
transportez en la maison dudit de Ville
qu'ils auoient treuué gisant sur vn lict, auoient veu sa personne, reconnu & treuué
qu'il estoit extrêmement affligé & tour-
menté, lors, des homoroides, lesquelles ne
luy pouuoient permettre d'entreprendre
aucun Voyage fût à pied ou à cheual, sans
danger ou notable incommodité de sa personne, estant d'ailleurs foible par son aage;
Qu'il apparoissoit que lesdites homoroides
l'auoient des long temps affligé, & que
mesmes ledit Testel attestoit & affirmoit y
auoir enuiron vingt mois que presque toutes les semaines successiuement il estoit
obligé luy donner des remedes pour son
soulagement, sans qu'il eust depuis pu entreprendre aucun Voyage, du moins éloi-
gné de plus de deux lieües, comme il ne
deuoit ny pouuoit en entreprendre mesmes si éloignez que celuy de cette Ville de
Lyon, ainsi l'attestoient moyenant leur ser-
ment.

ment. Et l'Ordonnance dudit Sieur Iolly 1653. contenant acte d'iceluy, & que par le commis Greffier expedition en seroit faite audit de Ville pour luy seruir & valoir ce que de raison, le tout en datte du huictiéme de Ianuier mil six cens cinquante-deux, Et la Sommation faite audit Dru Procureur dudit de la Ruelle d'en prendre coppie, en datte du douziéme dudit. Les Remontrances & requisitions faites par ledit Me Mellier Procureur dudit de Ville, à ce que aprés le Certificat par luy rapporté & communiqué audit de la Ruelle, fait pardeuant le sieur Iuge du Marquizat de Saint Prié en la ville de Saint Estienne, par Monsieur Me François Buyat Docteur Medecin, & Me Louys Testel Doyen des Chirurgiens en ladite ville de Saint Estienne, à ces fins par luy commis, Il nous plust commettre tel Iuge ou Magistrat sur les lieux, ou proche dudit lieu de Saint Estienne, pour l'ouïr en ses responces, estant prest de comparoir & respondre pardeuant eux pour satisfaire à nos Ordonnances, & qu'il fust passé outre nonobstant oppositions ou appellations quelconques & sans prejudice d'icelles, lesdites Remontrances & requisitions faites en presence dudit Dru Procureur dudit

dé

de la Ruelle, qui auroit fouftenu ledit exhoine n'eftre confiderable pour empef-
cher l'execution de nos Ordonnances, &
requis prife de corps eftre decernée contre ledit de Ville ; Et où il ne pourroit eftre
apprehendé, qu'il fuft adjourné à trois
briefs & diuers jours, fes biens faifis & annotez, & regis par Commiffaire, jufques à
ce qu'il euft obey, au bas defquelles eft
l'Ordonnance dudit fieur de Seue portant
acte defdites requifitions & remontrances,
& que le tout feroit communiqué au Procureur du Roy, & jufques à ce furfeoiroit
le decret, & paffé outre nonobftant oppofitions ou appellations quelconques & fans
prejudice d'icelles, en datte du treiziéme
dudit mois de Ianuier mil fix cens cinquante-deux. Les Remontrances faites au
Greffe par Mᶜ Defuerneys le jeune Procureur de Iacques Pollicard, contenant que
ledit Pollicard auoit efté affigné pour fouffrir la confrontation des tefmoins que ledit
de la Ruelle pretendoit auoir fait ouïr contre luy, lequel Pollicard il auoit appris eftre
allé faire des Voictures du cofté de la ville
de Thoulouze dont il ne feroit de retour
de long temps, & de confequent que delay
d'vn mois luy deuoit eftre accordé pour
fubir

subir ladite confrontation, ledit de la Ruelle ayant pris son temps pour surprendre ledit Pollicard, & espié l'occasion qu'il fust
absent, protestant, où ledit Delay ne luy
seroit accordé, de se pouruoir tant par ap-
pel que autrement contre la procedure, ce
qu'il requeroit estre signifié audit Dru Procureur dudit de la Ruelle, en datte du
quinziéme dudit mois de Ianuier, au bas
desquelles est la signification faite d'icelles
audit Dru Procureur dudit de la Ruelle,
contenant sa responce, & la requisition par
luy faite le lendemain seiziéme dudit, au
bas de laquelle est l'Ordonnance dudit
sieur de Seue, portant que deffaut estoit
octroyé tant contre ledit Pollicard que Iean
Baptiste Crupisson, faute d'estre comparus
aux assignations à eux données pour souffrir la confrontation des tesmoins contre
eux ouys, pour le profit duquel, que le recol fait ou à faire desdits tesmoins à leurs
depositions, seruiroit, & tiendroit lieu de
suffizante confrontation à leur contumace,
& ce nonobstant oppositions ou appellations quelconques & sans prejudice d'icelles. Le Recol fait pardeuant ledit Sieur de
Seue de vingt-six des tesmoins ouys en
l'Information dudit de la Ruelle les quinziéme

1653. ziéme, seiziéme, dixseptiéme, dixneufvié-
me, & vingtneufviéme dudit mois de Ianuier, au bas duquel est son Ordonnance
sur les Remontrances & requisitions de
Tournus Clerc principal dudit Dru Procureur dudit de la Ruelle portant acte d'i-
celles, & que le Recol fait de Benoist Gre-
hesier (l'vn desdits tesmoins) à sa deposition, tiendroit lieu de suffisante confrontation ausdits Mazenod & Pecoil, par faute
d'estre comparus pour souffrir icelle, & à
leur contumace, & ce nonobstant oppositions ou appellations quelconques & sans
prejudice d'icelles, & la signification faite
d'icelle audit Gayet Procureur le mesme
jour. L'Adjousté fait par ledit Dru Procureur dudit de la Ruelle à ladite plainte par
luy cy-deuant faite contre ceux qui auoient
fraudé les droicts de Doüane : Contenant,
que le nommé Pourra marchand de Sainct
Chamond le douziéme de Septembre mil
six cens cinquante-vn, fist conduire par
Iacques Robert, & Iean Buet beau frere dudit Pourra, audit Sainct Chamond, quatre
quintaux de soye, lesquels furent apportez
le mesme jour par ledit Buet au Bureau
estably pour la Doüane de Valence à Sainct
Ferriol, & nullement conduites en cette
Ville

Ville pour y aquitter les droicts du Roy
suiuant la volonté de sa Majesté, dequoy il
faisoit plainte, & requeroit que ledit Pourra
fust ouy sur icelle, au bas duquel est l'Ordonnance dudit sieur de Seue portant acte
de ladite plainte, & que ledit Pourra seroit
ouy sur le contenu en icelle, circonstances
& dependances, en datte du quinziéme
dudit mois de Ianuier. Les Responces faites par ledit Pourra pardeuant ledit sieur de
Seue sur le contenu en ladite plainte, circonstances & dependances, en datte du
vingtiéme dudit mois de Ianuier. Ordonnance dudit sieur de Seue, portant deffaut
tant contre le nommé Siccard, que autres
tesmoins adjournez & non comparans,
pour le profit duquel ils seroient readjour-
nez à comparoir à heure certaine, à peine
de soixante liures d'amende contre chacun
d'eux, pour laquelle seroit Executoire deliuré au Receueur du Domaine, & ce nonobstant oppositions ou appellations quelconques & sans prejudice d'icelles, en datte du quinziéme dudit mois de Ianuier; En
suite de laquelle est autre Ordonnance par
luy renduë portant deffaut contre ledit
Siccard, pour le profit duquel il seroit re-
adjourné à comparoir comme deuant au
Lundy

Lundy fuiuant dix heures de matin, autrement & à faute de ce, que l'amende de foixante liures , portée par la precedente Ordonnance, eftoit des à prefent, comme des lors, contre luy indite, & executoire deliuré pour icelle conformement à ladite Ordonnance, & ce nonobftant oppofitions ou appellations quelconques & fans prejudice d'icelles, en datte du vingt-quatriéme du mefme mois. La confrontation faite aufdits accufez des tefmoins ouys en l'Information dudit de la Ruelle; Enfemble les Remontrances & requifitions faites par Me Gayet Procureur dudit Iean Baptifte Crupiffon, contenans que ledit Crupiffon auoit efté affigné à la Requefte dudit de la Ruelle pour fouffrir la confrontation defdits tefmoins, à quoy il ne pouuoit obeir eftant alicté au moyen d'vne diflocation de jambe qu'il fe fift en fe retirant de cette Ville apres fes refponces, comme apparoiffoit par l'acte & exhoine qu'il exiboit & remettoit en noftre Greffe; Et l'Ordonnance dudit fieur de Seue en fuite, contenant acte defdites remontrances, & de la remife au Greffe dudit exhoine, en datte du quinziéme dudit mois de Ianuier , & la teneur dudit exhoine fait pardeuant Perrollon

rollon Notaire Royal, par Hierôfme Court
maiftre Chirurgien habitant à Saint Chã
mond, portant atteftation pour feruir ce
que de raifon, Que ledit Iean Baptifte Crupiffon eftoit detenu au lict par vne diflocation du genoüil auec grande contufion en
ladite partie, & encores tumeur echimofe
& liuidite douleur, qui le contraignoit
tenir le lict pour foulage fon mal, autrement il feroit en danger de plus grand par
la fluxion qui fe pouuoit jetter fur la fufdite partie affligée & le tenir long - mois entre les mains des Chirurgiens & dans le
lict, & ne pouuoit de fix fen... nes ou deux
mois agir, ny eftre libre de ... fes affaires
hors de la maifon, en da... du neufviéme
dudit mois de Ianuier, ladite Confrontation en datte des quinze, feize, dixfept, dix-
huict,& dix-neufviéme dudit mois de Ianuier. L'Ordonnance en fuite rendue fur
les remontrances & requifitions dudit Dru
Procureur dudit de la Ruelle portant acte
d'icelles, & continuation de ladite Confrontation au Lundy vingtneufviéme dudit
mois de Ianuier dix heures de matin, à laquelle heure lefdits accufez comparoi-
ftroient & efliroient domicille, & feroient
tenus de comparoir aux affignations baillées

K   aux

aux domicilles par eux esleuz, autrement
& à faute de ce, que le Recol qui seroit
fait desdits tesmoins, à leurs depositions,
tiendroit lieu de suffisante confrontation à
leur deffaut & contumace, ladite Ordonnance du lendemain vingtiéme dudit, contenant l'eslection de domicille faite par lesdits accusez, & la continuation de ladite
Confrontation faite ledit jour vingtneufviéme dudit mois de Ianuier, en suite de
laquelle sont les Remontrances & Requisitions faites par lesdits Payre, Mellier, &
Desverneys le jeune Procureurs desdits
Buet, Gayot, Martin, Pourra, Desgrands
& Martinier, & l'Ordonnance dudit sieur
de Seue portant acte des requisitions, declarations & consentemens par eux faits,
& que ledit de la Ruelle feroit mettre le
procez en estat dans la quinzaine, autrement permis à eux de faire expedier la procedure, pour icelle estre communiquée aux
gens du Roy, sauf à eux de prendre executoire pour le montant d'icelle, & en suite de la declaration dudit Mellier, que le
Recol fait du nommé Antoine Siccard l'vn
des tesmoins à sa deposition, tiendra lieu
de suffisante confrontation ausdits Chadel
& Clapeyron, & ce nonobstant oppositions

où

ou appellations quelconques & fans preju- 1653.
dice d'icelles, le tout figné de noftre Greffier. Conclufions ciuiles dudit de la Ruelle
à ce que lefdits Henry & Antoine Gayot
freres, Claude Clapeyron, Gabriel Chadel,
Louys Martin, Antoine Pourra, Mathieu
Defgrands, Pierre Martinier, Claude Pecoil, Marcelin Mazenod, Iean Baptifte
Crupiffon, Iean Buet, & Iacques Pollicard,
fuffent condamnez folidairement en la
fomme de vingt mil liures pour les defpens, dommages & intrefts par luy fouf-
ferts pendant le temps de fa Ferme, à caufe
defdites contrauentions & fraudes conti-
nuelles par eux commifes aux Edicts &
Ordonnances de fa Majefté fur le fait defdites Douanes, port d'Armes, & Affem-
blées illicites, en l'amende de dix mil liures
enuers le Roy, à luy profitable à la forme
de fon Bail, auec deffences de commettre
cy apres femblables Contrauentions &
fraudes à peine de punition exemplaire,
& en outre aux defpens des procedures.
Et à l'egar dudit Mathieu de Ville, que
fans auoir efgar à l'exhoine par luy rapporté, il comparoiftra en perfonne dans trois
jours, pour refpondre, & luy eftre fon procez fait & parfait, & à faute de ce, qu'il

 seroit pris au corps, côduit & mené aux prisons Royaux de cette Ville, pour y estre detenu jusques autrement fut ordonné, lesdites conclusions signées dudit Dru Procureur dudit de la Ruelle. Requeste à nous presentée par lesdits Claude Pecoil & Marcellin Mazenod, expositiue qu'il y auoit eu plainte contre eux à la Requeste des Fermiers de la Doüane, sur ce qu'ils pretendoient qu'ils eussent fait venir & passer des Soyes sans payer les droicts de ladite Doüane, ce qu'ils auoient apris par vn Adjournement personnel laxé contre eux de nostre authorité, sur lequel ayans esté assignez, & respondus, desniez les faicts contre eux proposez comme calumnieux, & estans innocens de ladite Accusation, ils entendoient de s'en faire renuoyer absous auec despens, dommages & interests; Ce que lesdits Fermiers apprehendans, taschoient par leurs Commis & Gardes, & encor par l'entremise de Iacques Fontanel dit Gamard, qu'ils auoient fait condamner pour semblable faict, & lequel ils auoient promis de descharger de la condamnation contre luy interuenue, & encores de luy bailler de l'argent s'il treuuoit preuue contre autres personnes, de suborner & corrompre

rompre des tesmoins à prix d'argent, & ne se contentans de cela, taschoient de les faire deposer suiuant leur intention, auec menaces, violances & ports d'armes, dequoy ils auoient interests d'auoir preuue pour leur seruir en temps & lieu ce que de raison, Declaroient par icelle qu'ils en faisoient plainte, & concluoient à ce qu'il Nous plust leur bailler acte de ladite Plainte, & leur permettre d'informer sur icelle, circonstances & dependances, pour, ce fait, prendre telles Conclusions qu'ils aduiseroient, & qu'il fust passé outre nonobstant oppositions ou appellations quelconques & sans prejudice d'icelles, ladite Requeste d'eux signée & de Gayet leur Procureur, au bas de laquelle est l'Ordonnance dudit sieur de Seue portant acte d'icelle & jointe au procez, pour, en jugeant, y auoir tel egar que de raison, en datte du premier Decembre mil six cens cinquante-vn. Autre Requeste presentée par Pierre Martinier, expositiue qu'ayant esté assigné pardeuant Nous à la Requeste dudit de la Ruelle pour respondre sur certaines pretendues charges, Il auroit respondu, & en suite ayant esté procedé à la confrontation des tesmoins, il auroit proposé contre eux des reproches tres

1653.

pertinens & concluans : mais comme l'on luy auroit fait lecture de la deposition d'vn nommé Claudinon : il auroit reconnu que ledit tesmoin auoit deposé fauxcement contre luy, entre autres, en ce qu'il auroit dit auoir veu descharger en la maison dudit Martinier certaines soyes, laquelle maison il auroit dit estre situee proche le Conuent des Peres Capucins de Saint Chamond, ce qui estoit plus que suffisant pour le conuaincre de faux-tesmoignage, veu que sadite maison n'estoit point proche les Capucins, & n'y auoit jamais esté, ains en estoit esloignée de plus de huict cens pas, & mesmement la riuiere entre-deux, sçauoir en la place du Marché dudit Saint Chamond au deuant l'Eglise Saint Pierre, n'ayant jamais demeuré ailleurs; De sorte que ce n'estoit point la maison dudit Martinier où ledit Claudinon auoit veu descharger ou deschargé lesdites soyes, & partant estoit condamnable comme de faux tesmoignage, pour l'auoir voulu charger d'auoir receu en sa maison vne marchandise qui auoit esté deschargée chez vn autre, pour confirmation dequoy il rapportoit vn acte de notorieté de la situation de sadite maison, auquel Acte, au càs qu'il ne

Nous

Nous pluſt arreſter, conſentoit qu'vn de
Nous s'y tranſportat pour eſtre fait Verbal,
à la charge de tous deſpens, dommages &
intereſts, concluoit partant à ce que, veu
ledit acte de notorieté qui faiſoit voir la
fauxceté de ladite depoſition, & en outre
connoiſtre, par vne bonne conſequence,
comme les teſmoins de ladite Information
auoient eſté achettez à prix d'argent pour
leur faire dire ce qu'ils auoient voulu, Il
Nous pluſt ordonner qu'il ſeroit renuoyé
de la fauxce & calomnieuſe accuſation
contre luy improperée, auec deſpens, dommages & intereſts, & de l'Inſtance, joint
les moyens de reproches par luy propoſez,
confirmez par ledit Acte, ladite Requeſte
de luy ſignée & dudit Deſverneys ſon
Procureur, au bas de laquelle eſt l'Ordonnance dudit ſieur de Seue portant acte
d'icelle & jointe au procez, pour en jugeant y auoir tel egar que de raiſon, en
datte du treiziéme de Decembre mil ſix
cens cinquante-deux, ledit Acte de notorieté fait pardeuant Vachon Notaire Royal
dudit Saint Chamond à la Requeſte dudit
Martinier par Meſſire Pierre de Rida Pre-
ſtre, Curé de la Parroiſſe Saint Pierre &
Saincte Barbe dudit Saint Chamond. Meſ-

K 4

ſires

1653. fires Gabriel Pacalon & Eftienne Monti-
clard Preftres focietaires de ladite Eglife,
& fieur François Noyel Capitaine Penon
du Penonnage du Marché dudit Sainct
Chamond, en datte du huictiéme dudit
mois de Decembre mil fix cens cinquante
deux, figné Vachon. Requefte prefentée
par ledit Claude Clapeyron, expofitiue, que
bien qu'il fuft innocent, neantmoins il a-
uoit efté compris en vn procez pourfuiuy
pardeuant Nous à la Requefte dudit de la
Ruelle, auquel procez on auoit prefuppo-
fé, contre verité, que le nommé Fontanel
auoit voicturé ou fait voicturer des foyes
pour le compte dudit Clapeyron, bien que
ledit Fontanel n'en euft voicturé aucunes.
Bien eftoit veritable qu'au mois d'Octobre
mil fix cens quarante fix, ledit Fontanel
luy auoit vendu, & enuoyé de Saint Ferriol, trois paquets foyes chacun de douze
flottes, ainfi qu'iceluy Clapeyron auoit in-
genuement reconnu & confeffé en la Confrontation que luy auoit efté faite des tefmoins ouys au procez; Et d'autant qu'il
luy eftoit venu à notice que ledit Fontanel
eftoit en cette Ville, il auoit notable inte-
reft de luy faire reconnoiftre fa Lettre du
feptiéme du mois d'Octobre audit an mil

fix

six cens quarante-six, contenant l'enuoy 1653.
desdits trois paquets soye, concluoit à ce
qu'il Nous pluſt ordonner ledit Fontanel
eſtre amené pied à pied pardeuant Nous
pour reconnoiſtre ladite Miſſiue, reſpondre par ſerment ſur l'enuoy deſdits trois
paquets ſoyes mentionnez en icelle Lettre,
& s'il n'eſtoit veritable que c'eſtoient des
ſoyes qu'il auoit vendues audit Clapeyron,
du prix deſquelles ils auoient compté, pour
la procedure ſur ladite reconnoiſſance, &
l'audition dudit Fontanel eſtre jointe au
procez, pour en jugeant y auoir tel eſgar
que de raiſon, & qu'il fuſt paſſé outre pour
ledit amené pied à pied & reconnoiſſance,
nonobſtant oppoſitions ou appellations
quelconques & ſans prejudice d'icelles,
ladite Requeſte ſignée dudit Clapeyron &
de Mellier ſon Procureur, au bas de laquelle eſt l'Ordonnance dudit ſieur de Seue portant acte d'icelle & jointe au procez,
pour en jugeant y auoir tel egar que de raiſon, en datte dudit jour treiziéme Decembre mil ſix cens cinquante-deux, à laquelle eſt attaché la Lettre dudit Fontanel ad-
dreſſante audit Clapeyron, contenant qu'il
luy enuoloit trois paquets ſoyes, chacun'
des douze ſortes Viuareſtz ; le prioit de

K 5　　donner

1653. donner à Claude Didier l'vn des porteurs, trente piftoles, car l'homme du fieur Iean Iacquet de Ioyeufe de qui il auoit achetté lefdites marchandifes les attendoit, & outre ce bailleroit trois liures quinze fols pour le port, & que du tout il luy tiendroit compte fur ce que ladite foye monteroit, & luy en enuoyeroit d'auantage qu'il tenoit en fon pouuoir, peferoient le tout, & feroient leur compte, laditte Lettre fignée Fontanel, efcritte de Saint Ferriol le feptieme Octobre mil fix cens quarante fix. Autre Requefte prefentée par lefdits Claude Pecoil & Marcelin Mazenod, à ce qu'il Nous pluft ordonner qu'ils feroient renuoyez abfous de ladite accufation comme calomnieufe, auec defpens, dommages & interefts, & reparation de l'injure & calomnie, fans fe departir, par eux, de la conclufion par eux prife par leur Requefte du premier Decembre mil fix cens cinquante-vn, en cas qu'il y euft preuue par les tefmoins fubornez, ce qu'ils ne croient pas; ladite Requefte d'eux fignée & dudit Gayet leur Procureur; au bas de laquelle eft l'Ordonnance dudit fieur de Seue portant acte & joint au procez, pour en jugeant y auoir tel egar que de raifon, en datté du dixhuictiéme

dudit

dudit mois de Decembre mil six cens cinquante-deux. Deux Requeſtes preſentées
par les ſieurs Preuoſt des Marchands & Eſcheuins de cette Ville de Lyon, expoſitiue,
que le droict de Tiers ſur-taux & Quarantiéme leur appartenant, ſous le nom de
Nicolas Pierrelot & Philippes Mellier, la
pluſpart des Marchands, & particulierement du coſté de Saint Chamond, faiſoiét
venir les ſoyes & autres marchandiſes par
chemins obliques & detournez, Ils eſtoient
par ce moyen fruſtrez de leurs droicts; Ils
auroient, pour empeſcher tels abus, commis le ſieur Baud de cette Ville & pluſieurs
autres, qui auroient tenus la Campagne
long-temps, & ſurpris aucuns des Voicturiers deſdites marchandiſes hors des chemins qui leur eſtoient preſcrits, dont y a-
uoit eu quantité de procedures faites pardeuant Nous à ce ſujet; Ses deſordres con-
tinuans, le ſieur Fermier de la Douane de
cette dite Ville s'en eſtant plaint, ils auroient eu auis qu'il y auoit pluſieurs procedures ſur le point d'eſtre jugées, contre di-
uerſes perſonnes conuaincus d'auoir fait
paſſer leurs marchandiſes ſans payer le
droict de Douane, ſe ſeruant ledit ſieur
Fermier des procedures faites à leur pour-
ſuite

1653. suite à grands fraiz; Quoy qu'il en fust, il estoit constant que nulle marchandise ne devoit le droict de Doüane audit Fermier, qu'elle ne leur deut aussi leur droict de Tiers sur-taux & Quarantiéme, & par consequent si ledit Fermier auoit esté frustré de son droict de Doüane, ils l'auoient aussi esté du leur, estant certain que s'il y auoit des marchandises saisies & sujettes à confiscation, ou n'y en ayant point, & qu'il fust adjugé des dommages & interests audit Fermier de la Doüane pour luy tenir lieu de son droict, ils y deuoient participer pour l'interest qu'ils y auoient ainsi qu'il estoit notoire. Concluoient partant, à ce qu'il Nous plust les receuoir Interuenans aux procedures faites à la diligence dudit Fermier de la Doüane; & en consequence de ce leur adjuger leur part afferante en la confiscation des marchandises, si aucunes il y en auoit d'arrestées, sinon aux dommages & interests ausquels les contreuenans pourroient estre condamnez, eu egar au droict qu'ils auroient perceu si les marchādises dont estoit question estoient venuës par voyes directes, pourueü & procedé en outre selon raison, ladite Requeste signée de Perrodon leur Procureur, au bas de laquelle

quelle eſt l'Ordonnance dudit ſieur de Seue portant acte & joint au procez, pour en
jugeant y auoir tel egar que de raiſon, en
datte dudit jour dixhuictiéme Decembre
mil ſix cens cinquante-deux. Tout conſideré, & ouy Mᵉ Pierre Bollioud Mermet
Aduocat du Roy pour le Procureur du
Roy,

IL EST DIT, pour les cas reſultans du
procez, ſans auoir egar aux Requeſtes preſentées par leſdits Clapeyron & Martinier
& jointes au procez le treiziéme Decembre dernier, qu'ils ſont condamnez: Sçauoir
ledit Clapeyron, en la ſomme de cent liures
enuers le Roy, & en celle de deux cens
liures pour les dommages & intereſts dudit demandeur; Leſdits Martinier, Chadel, Martin, Pourra & Crupiſſon, chacun
en l'amende de cent cinquante liures auſſi
enuers le Roy, & en la ſomme de trois
cens liures chacun pour les dommages &
intereſts dudit Fermier, leſdits Buer, Deſ-
grands & Pollicard en trente liures d'amende chacun, & ſoixante liures de dommages
& intereſts auſſi chacun d'eux enuers ledit
Fermier; Leſdits Henry & Antoine Gayot
freres en deux cens liures d'amende, &
cinq cens liures de dommages & intereſts:

Et

1653. Et pour le regar desdits Pecoil & Mazenod, ordonné qu'il en sera plus amplement informé, despens reseruez, permis audit demandeur de continuer le procez contre ledit de Ville, ce faisant, que par faute de comparoir par luy dans le mois, qu'il sera pris & apprehendé au corps, & conduit, sous bonne & seure garde, és Prisons Royaux de cette Ville, pour y estre detenu jusques à ce qu'il ayt respondu, & autrement soit ordonné. Et rendant droiçt sur la Requeste desdits Preuost des Marchands & Escheuins de cette Ville, ordonné que sur les dommages & interests adjugez audit demandeur, tant seulement leur en sera deliuré leur part afferante, eu egar aux droiçts de Quarantiéme & Tiers sur-taux qui se leuent sur les marchandises en la Douane de cette dite Ville : Et sont en outre lesdits Policard, Crupisson, Clapeyron, Pourra, Buet, Henry & Antoine Gayot freres, Martin, Chadel, Desgrands & Martinier, condamnez aux despens, chacun en ce qui les concerne. Deffences à eux de recidiuer sur plus grande peine s'il y escheoit, & passé outre à l'execution du present Iugement nonobstant oppositions ou appellations quelconques & sans prejudice d'icelles,

d'icelles, figné Mafcrany Prefidant, Charrier, Confeillers du Roy Treforiers generaux de France au Bureau des Finances eftably à Lyon, Seue Confeiller du Roy en
fes Confeils d'Eftat & priué, Prefidant &
Lieutenant General en la Senefchauffée &
Siege Prefidial de Lyon, Iuftinian Croppet
Confeiller du Roy Maiftre des ports, ponts
& paffages, Bollioud Mermet, Vincent de
Panettes & Vidaud, Aduocats & Procureur du Roy.

Prononcé le quatorziéme Ianuier mil
fix cens cinquante-trois.

Collationné

PERROT Greffier.

Autre Sentence des Iuges de la Doüane de Lyon du 28. Feurier 1653. par laquelle sont confisquez quatre Balots de soye, chargez sur deux Cheuaux, treuuez nuictamment proche de Chastillon de Michaille sans y auoir consigné les droicts de Doüane, & detournez du grand chemin.

LE s Iuges establis par Edict de sa Majesté pour la Doüane de Lyon ; Sçauoir faisons, qu'estans au Bureau de la Doüane s'est presenté Mᵉ Iean Dru Procureur de Mᵉ Nicolas Pinçon Fermier & Adjudicataire general des cinq Grosses Fermes de France, la Doüane de Lyon y comprise, Qui Nous a dit & remonstré, que les Gardes establis pour la conseruation des droicts de Doüane, Traites Foraines, & autres deubs à sa Majesté au pays de Bresse, ayans eu auis qu'aucuns Merchands Molliniers de soye de Nantua, & autres endroits, faisoient entrer nuictamment en ce Royaume quantité de soyes

sans

sans les consigner au Bureau d'entrée, ny
aquitter les droicts deubs à sadite Majesté.
La nuict du vingt au vingt-vn de Ianuier
dernier ils se mirent aux aguets, s'estant à
cet effet transportez aux Frontieres pour
empescher telles fraudes, & enuiron deux
heures aptes minuict ils virent venir certaines personnes conduisans deux cheuaux,
ausquels comme ils furent proche d'eux,
lesdites Gardes firent commandement de
par le Roy & Iustice de s'arrester, & declarer qu'elles marchandises ils conduisoient
sur lesdits deux cheuaux, si elles estoient
sujettes aux droicts de Doüane, & s'ils auoient consigné és Bureaux d'entrée qu'ils
auoient outrepassé, & qu'ils eussent à exiber leurs billets de consigne; Lesquelles
personnes au lieu de s'arrester, obeïr audit
commandement, & satisfaire à ce que dessus, auroient pris la fuite, abandonné leurs
cheuaux, & s'estans euadez à la faueur de
la nuict, en sorte que lesdits Gardes ne pu-
rent par leurs soins & diligence les attein-
dre, ny de consequent arrester, comme
ils firent lesdits deux cheuaux chargez chacun de deux petits ballots ou paquets soye,
qu'ils conduisirent audit lieu de Nantua,
où ils les mirent en depost & seurté, com-

1653. me du tout conste par le Procés verbal
qu'en fût fait par lesdits Gardes, & par eux
enuoyé audit Pinçon ou à ses Commis en
cette Doüane, & depuis remis par eux en
nostre Greffe; En conséquence duquel, &
attendu ladite contrauention faite par lesdits conducteurs, proprietaires de ladite soye, aux Edicts & Ordonnances de sa Majesté, qui desirent la consigne des marchandises, entrans en France, estre faite ausdits
Bureaux des Frontieres, & que lesdites soyes soient conduites en cette Ville pour y
payer & aquitter les droicts deubs à sa Majesté, & plusieurs autres contrauentions que
lesdits Conducteurs ont reconnu auoir
commises par leurs fuites; Et parce que depuis ladite prise ils ne se sont ozez presenter, ny auoüer lesdits cheuaux & marchandises, par la connoissance qu'ils ont de leur
faute & contrauention ausdits Edicts, pour
lesquelles iceluy Dru conclud à ce que lesdits cheuaux & quatre ballots soye soient
declarez aquis & confisquez au profit dudit sieur Fermier, auquel il sera permis d'en
faire & disposer à sa volonté conformement à son Bail, & ce nonobstant oppositions ou appellations quelconques, & sans
prejudice d'icelles. Surquoy, apres s'estre

ledit

ledit Dru retiré, & veu par Nous, le Verbal
fait par Iean Louys Racine Garde particulier au Bureau de Chaſtillon de Michaille
des Traittes Foraines, en datte du vingt-
vnieſme jour du mois de Ianuier dernier,
contenant, Que ſur les aduis à luy donnez
que certains marchands Molliniers de ſoye
de la ville de Nantua, & autres lieux, fai-
ſoient entrer en ce Royaume nuictamment
& obliquemét quantité de ſoyes ſans aquitter les droicts pour ce deubs à ſa Majeſté,
& les menoient audit Nantua, il auroit eſté
obligé, pour le deu de ſa charge, de ſe
tranſporter la nuict du vingt au vingt-vn
dudit mois de Ianuier ſur les Frontieres
pour y veiller & prendre garde, accompagné d'André Ieane, & enuiron deux
heures apres minuict auroit apperceu &
entendu le train de deux cheuaux qui ve-
noient à luy, & s'eſtant vn peu deſtourné
pour les laiſſer paſſer, il auroit veu leſdits
cheuaux chargez & conduits par trois perſonnes, leſquels il n'auroit peu connoiſtre
à cauſe de l'obſcurité de la nuict, & voyant
qu'ils s'acheminoient du coſté de Nantua,
il les auroit ſuiuy pas à pas, & lors qu'il
auroit veu qu'ils s'eſtoient deſtournez du
grand chemin, & auroient outrepaſſé ledit

L 2

Bureau

1653. Bureau de Chastillon de Michalle, où ils deubient aquitter & payer lesdits droicts d'entrée, enuiron demy quart de lieue il les auroit abordé, accompagné comme dit est, & leur auroit fait commandement de par le Roy & iustice de declarer quelles marchandises ils conduisoient sur lesdits cheuaux, & si elles estoient suiettes ausdits droicts, & pourquoy ils ne les auoient aquittées audit lieu de Chastillon de Michalle, où fait leur declaration ; Lesquels à mesme instant auroient pris la fuite, & se seroient euadez, sans faire autre responce, sinon que c'estoient des soyes, ce que voyant, il se seroit saisy du tout, & l'auroit conduit audit Bureau de Chastillon, où estant, & ayant fait descharger lesdits cheuaux, & fait ouuerture des quatre ballots dont ils estoient chargez, auroit reconnu que c'estoient soyes pesants ensemble lesdits quatre balots deux cens dix liures brut poids de dix huict onces la liure, apres quoy il auroit remis le tout à Mᵉ Gilbert Passerat la Chappelle commis desdits droicts audit Bureau, qui s'en seroit chargé, & promis representer le tout toute fois & quantes qu'il en seroit requis par Iustice, luy faisant deffences de s'en dessaisir iusques à ce qu'il

en

en fut ordonné, à peine d'en respondre en
son propre & priué nom, le tout par luy fait
à la Requeste de M° Nicolas Pinçon Fermier general des cinq grosses fermes de Fra-
ce, la Douane de Lyon y comprise, lequel
auoit son domicille esleu en la maison &
personne de M° Iean Dru Procureur és
Cours de Lyon, demeurant en la ruë des
trois Maries Parroisse Saincte Croix, ledit
Verbal remis en vostre Greffe par ledit M°
Dru Procureur dudit Pinçon le jour d'hier
vingt-septiesme du present mois de Fevrier, signé par extrait collationné de nostre
Greffier. Tout Consideré, & ouy M°
Pierre Bollioud Mermet Aduocat du Roy
pour le Procureur du Roy,

IL EST DIT, que lesdits deux cheuaux & quatre ballots soyes, sont declarez aquits & confisquez au profit de
sa Majesté, ses Fermiers ou ayans droict,
& ce nonobstant oppositions où appellations quelconques, & sans prejudice d'i-
celles, signé Charier President, Demerle,
Conseillers du Roy Tresoriers Generaux
de France au-Bureau des Finances estably
à Lyon, Seue Conseiller du Roy en ses
Conseils d'Estat & Priué, President, Lieu-

tenant

1653. tenant General en la Seneschaussée &
Siege Presidial de Lyon, Iustinian Crop-
pet Conseiller du Roy, Mª des Ports, Ponts
& Passages, Bollioud Mermet, & Vidaud,
Aduocat, & Procureur du Roy.

Prononcé à Maistre Iean Dru Procureur dudit Nicolas Pinçon Fermier de ladite Doüane, en parlant à sa personne.
Acte le vingt-huictiéme & dernier jour
du mois de Fevrier mil six cens cinquante-trois.

Collationné,

PERROT Greffier.

Autre Sentence des Iuges de la Doüane de Lyon du 27. May 1654. par laquelle sont confisquez des Cuirs treuuez dans la Blancherie du sieur Cardon, où ils auoient esté entreposez.

LEs Iuges establis par Edict de sa Majesté pour la Doüane de Lyon, sçauoir faisons, qu'au procés extraordinairement poursuiuy à la Requeste de Mᵉ Nicolas Pinçon Fermier, & Adjudicataire general des cinq Grosses Fermes de France, la Doüane de Lyon y comprise, demandeur & accusateur; Et Denis Menestrier, Pierre, François, & Vincent Gerbais dit la Gerba, deffendeurs & accusez. Veu par Nous le Verbal fait par les Commis & Gardes pour la Doüane de Lyon à la porte de Veize le Dimanche jour du mois d'Auril dernier, contenant, que sur l'auis à eux donné que quelques personnes auoient entreposé des marchandises à la Blancherie du sieur Cardon proche la riuiere de Sosne en allant à l'Isle Barbe, ils se seroient

L 4 transportez

transportez en icelle pour y faire la visite,
& saisir les marchandises entreposées, où
estans arriuez, & s'estans addressez à vne
Seruante, l'auroient enquis où estoit le
nommé Iacques François Maistre Blanchisseur de ladite Blancherie, luy faisant
commandement de par le Roy de leur declarer si l'on n'auoit point entreposé des
marchandises dans ladite Blancherie, laquelle leur ayant respondu que ledit François son Maistre n'y estoit pas, & qu'elle ne
sçauoit si on auoit entreposé des marchandises en ladite Blancherie, que n'estant
que Seruante elle ne se mesloit point de
ses choses là, Ils seroient entrez dans ladite Blancherie, où ayans fait visite, auroient
treuué sous vn Chapit couuert de paille
vn monceau de fagots de buissons, au dessus duquel il y auoit quelques aix, blot de
bois, & pacquets de Futaines ou Toilles,
lequel monceau ayant decouuert, auroient
treuué dans iceluy vne masse de Cuirs ha-
billez, empillé, & tres bien ajancez les vns
sur les autres, lesquels ayans reconnus, se
seroient addressez à quelques seruiteurs de
ladite Blancherie treuuez dans icelle, ausquels ayans fait commandement de par le
Roy, de declarer qui auoit entreposé lesdits

Cuirs

Cuirs dans ladite Blancherie, auroient respondu ne le sçauoir, ce qui auroit obligé
deux desdits Commis & Gardes de retourner au Bureau de ladite Doüane pour faire
rapport dudit Entrepost à l'Intendant d'i-
celles Ce qu'ayāt fait, il leur auroit ordonné
d'aller saisir lesdits Cuirs, iceux enleuer &
conduire audit Bureau ; A quoy obeissans,
ils auroient mené trois des Portefaix de ladite Doüane en ladite Blancherie pour faire ledit enleuement, où ayans treuué vn
jeune homme se disant nepueu dudit Maistre Blanchisseur, & lequel agit & fait ses
affaires à cause de sa vielesse & caducité,
auquel s'estans addressez, & fait commandement, comme dessus, de leur declarer
quelles marchandises auoient esté entreposées en ladite Blancherie, leur auroit fait
responce que veritablement pour faire plaisir à certains ses amis, il auroit permis l'Entrepost de certains Cuirs dans ladite Blancherie, & luy ayans lesdits Gardes enjoint
de les leur exiber, les auroit conduit sous
ledit Chapit, où ayans reconnus lesdits
Cuirs, & luy ayans remonstré qu'il ne pouuoit auoir permis ledit Entrepost sans contreuenir directement aux Ordonnances du
Roy, & declaré l'ordre qu'ils auoient d'en-

L 5   leuer

leuer & conduire lesdits Cuirs au Bureau de ladite Doüane, leur auroit dit qu'il ne croioit auoir fait aucune faute en souffrant ledit Entrepost, & que pour l'enleuement d'iceux il n'y pouuoit consentir, que le Marchand auquel ils appartenoient ne fust present & consentant ; A quoy lesdits Gardes ne voulans aderer, auroient enjoint ausdits Portefaix de porter lesdits Cuirs, & les charger dans deux Besches qu'ils auoient mené à cet effet proche ladite Blancherie; Ce qu'ayans fait, & presque acheué ledit enleuement, & chargé lesdits Cuirs dans lesdites Besches, seroient suruenus trois Quidams, lesquels estans entrez en ladite Blancherie, l'vn d'iceux s'adressant auec grande furie au nommé Chastaigniers l'vn desdits Gardes, se seroit pris à luy dire, mort Dieu qu'auez vous à faire à cette marchandise, & qui l'auoit fait si hardy d'en prendre connoissance, & d'en faire faire l'enleuement : A quoy ledit Chastaigniers auroit respondu qu'il ne suiuoit que le commandement que luy auoit fait l'Intendant en ladite Doüane, à quoy repliquant ledit Quidam auec grande furie, que mort Dieu cette marchandise ne deuoit rien à personne, & que l'on ne l'enleueroit point,

&

& d'effet auroit empefché lefdits Portefaix
de paracheuer l'enleuement defdits Cuirs:
Et ayant ledit Chaftaigniers reconnu que
fous certain monceau de paille proche lef-
dit Chapit, y auoit vn paquet ou fac remply
de quelque chofe, & qui eftoit couuert de
certains petits fagots, fe feroit addreffé au
fufdit nepueu dudit Blanchiffeur, luy enjoignant de par le Roy, qu'il euft à faire
voir ce qui eftoit dans ledit fac, lequel fe
feroit mis en grand collere, & prenant lefdits fagots, de furie auroit dit, mort voulez
vous voir ce que c'eft, foutre le voila, voulez vous voir jufques dedans mon lict; Ce
que voyant ledit Chaftaigniers, & jugeant
auec les autres Commis, Gardes, & Portefaix, que l'on ne tendoit qu'à faire émotion
afin de prendre fujet de les frapper & maltraiter, & mefmes que plufieurs Valets tant
de ladite Blancherie que d'ailleurs s'affem-
bloient en grande quantité jufques au
nombre de quarante ou cinquante, preno-
ient des pierres en main auec femblant de
les en maltraiter, auroient efté contrains
de fortir promptement de ladite Blancherie, & fe fauuer, laiffant lefdits Cuirs à la
mercy defdits Quidams, pour n'auoir la
force en main de refifter à leur violance,

&

1654. & ayans esté faire leurs plaintes desdites
violances & empeschemens audit enleuement audit sieur de Baignaulx Intendant
en ladite Doüane, il auroit fait appeller le
sieur Bourgeois Visiteur & Garde general
en ladite Doüane, & Masson Controlleur
au Bureau des cinq pour cent en icelle, ausquels ayant enjoint de se transporter auec
eux en ladite Blancherie pour s'informer
desdites rebellions, & prester main-forte à
l'enleuement desdits Cuirs; Iceux obeissans,
se seroient transportez auec eux, & les Portefaix qui auoient trauaillé audit enleuement, jusques proche ladite Blancherie, &
au lieu où ils auoient laissé lesdittes Besches chargées desdits Cuirs, où estans auroient treuué lesdites Besches vuides & deschargées, & vne Charette à trois cheuaux
auprès, où quantité de Valets de ladite
Blancherie trauailloient à outranse à charger ladite Charrette desdits Cuirs qu'ils
auoient tiré desdites Besches, qu'en voyant
ledit Bourgeois auroit fait commandement
de par le Roy ausdits Valets, de luy declarer où ils pretendoient mener lesdits Cuirs,
& pourquoy ils les auoient sorty desdites
Besches, & de luy declarer leurs noms;
Lesquels luy ayant respondu qu'ils les vou-
loient

loient retourner au lieu où ils les auoient
pris, qu'ils ne faisoient que ce que leur Maî-
stre leur faisoit faire, & partie d'iceux
baillé leurs noms, & les autres ne l'ayans
voulu faire, & voulant ledit Bourgois se
transporter auec eux en ladite Blancherie
pour faire enleuer le reste desdits Cuirs, Il
auroit fait rencontre dudit nepueu du Maistre Blanchisseur, accompagné du susdit
Quidam qui auoit empesché l'enleuement
desdits Cuirs, auquel voulant remonstrer la
faute qu'il faisoit de permettre lesdites violances, luy faisant commandement de declarer son nom & surnom, ledit Quidam
auroit pris le party, disant audit Bourgeois,
en vertu, & par quel pouuoir il deman-
doit le nom & surnom dudit nepueu, auquel ledit Bourgois ayant reparty que
c'estoit par le mesme pouuoir qu'il auoit
de luy demander le sien, lequel il luy faisoit commandement de luy declarer, ce
que ne voulant faire, auroit dit par derision
& en se moquant, qu'il s'appelloit Vincent,
& que quand il verroit le pouuoir dudit
Bourgeois il luy declareroit son surnom, &
qu'il le connoissoit bien : Et estans entrez
en ladite Blancherie, auroient treuué le
reste desdits Cuirs sous ledit Chapit, lesquels

1654. quels ledit Bourgeois voulant faire enleuer par lesdits Portefaix, ledit Quidam seroit suruenu, lequel entre plusieurs paroles injurieuses, tant côtre ledit Bourgeois qu'eux, auroit proferé par plusieurs fois, que si lesdits Cuirs luy apartenoient il empescheroit bien qu'on ne les enleueroit pas; Et s'estant enquis qu'estoit ledit Quidam, auroient apris qu'il se nommoit la Gerba, Voiturier par eau de Saint Vincent sur la riuiere de Sosne, & le mesme qui auoit voituré lesdits   s jusques dans ladite Blancherie, & de plus nepueu du Maistre Blanchisseur; Et ayans paracheué d'enleuer lesdits Cuirs, auroient enjoint au Conducteur de la Charette sur laquelle lesdits Valets de Blancherie auoient chargé lesdits Cuirs, de les conduire audit Lyon au Bureau general de ladite Douane, & le reste qui n'estoit pu demeurer sur icelle, auroient mis & chargé dans l'vne desdites Besches, le tout conduit au Bureau general de ladite Douane, & remis entre les mains de Mᵉ André Claustrier Concierge en ladite Douane, auec deffences de s'en dessaisir jusques autrement par Nous eust esté ordonné; dont & du tout ils auroient fait & dressé ledit Verbal à la Requeste dudit Mᵉ Nicolas Pinçon,

pour

pour luy feruir & valoit en temps & lieu 1654
ce que de raifon, lequel ils auroient figné
& certifié veritable, au bas duquel eft l'Ordonnance rendue par Monfieur Me Pierre
de Seue Prefidant & Lieutenant general en
la Senefchauffée & Siege Prefidial de
Lyon, fur la requifition de Me Iean Dru Procureur dudit Pinçon, portant acte de la remife par luy faite au Greffe dudit Verbal,
qu'il eftoit permis audit Pinçon de faire
informer du contenu en iceluy, enfemble
de le faire rediger en depofition, à ces fins
que lettres neceffaires luy feroiét deliurées
pour ce faire, & ce nonobftant oppofitions
ou appellations quelconques & fans prejudice d'icelles, en datte du treiziéme jour
du mois d'Auril dernier, le tout figné par
extrait de noftre Greffier. La Commiffion fur icelle deliurée audit Pinçon fignée de noftre Greffier, au bas de laquelle
eft l'Exploit d'affignation baillée à neuf tefmoins, en datte dudit jour treiziéme Auril,
fignée Voifin Huffier Audiancier en la Senefchauffée & Siege Prefidial de Lyon,
L'Information faite pardeuant ledit Sieur
de Seue à la Requefte dudit Nicolas Pinçon compofée de neuf tefmoins, en datte
des treiziéme, quatorziéme, & quinziéme
dudit

1654. dudit mois d'Auril, en suite de laquelle &
l'Ordonnance dudit Sieur de Seue auſſi
rendue ſur la requiſition dudit Dru, portant que ledit Gerbais ſeroit prins au corps,
mené & conduit ſous bonne & ſeure garde
és priſons Royaux de cette Ville, pour y
eſtre detenu juſques à ce qu'il euſt reſpondu & autrement fuſt ordonné, & que leſdits
Iacques, François, & ſon nepueu, comme
auſſi ledit Menetrier, ſeroiét adjournés po
reſpondre par leur bouche ſur le contenu
audit Verbal, charges & informations, circonſtances & dependances, & ce honob-
ſtant oppoſitions ou appellations quelconques & ſans prejudice d'icelles, laditte Ordonnance en datte dudit jour quatorziéme
Auril, le tout ſigné par collation de noſtre
Greffier. La Commiſſion audit Pinçon deliuré ſur icelle le meſme jour, ſignée de noſtredit Greffier, au bas de laquelle eſt vn
Exploit de perquiſition faite par ledit Voiſin Huiſſier, de pouuoir apprehender ledit
Gerbais, pour le contraindre conformement à ladite commiſſion, en datte du lendemain quinziéme dudit mois d'Auril, &
l'Exploit d'aſſignation baillée par ledit Voiſin auſdits Iacques, François, & ſon nepueu,
le tout ſigné dudit Voiſin. Les Reſponces
perſonnelles

perſonnelles deſdits Denis, Meneſtrier, &
Pierre François, faites pardeuant ledit ſieur
de Seue le vingt-vnième dudit mois d'Auril
ſignées de noſtredit Greffier. Les Reſponces perſonnelles dudit Vincent Gerbais dit
la Gerba, auſſi faites pardeuant ledit ſieur
de Seue le vingt-huictième du meſme mois,
en ſuite deſquelles eſt ſon Ordonnance, portant que ledit Gerbais eſtoit delaiſſé en état
d'adjourné en perſonne, apres qu'il auoit cõ-
ſtitué Procureur & éleu domicile, & promis
de ſe repreſenter à toutes aſſignations, Et
autre Ordonnance renduë ſur la requiſition
dudit Dru Procureur dudit Pinçon, portant que les témoins ouïs en l'information
dudit Pinçon ſeroient aſſignez pour eſtre recolez en leurs depoſitions, & confrontez
auſdits Gerbais, Meneſtrier, & Pierre François, comme auſſi que leſdits Gerbais, Meneſtrier & François, ſeroient aſſignez pour
ſouffrir ladite Confrontation, auec intimation que par faute de comparoir par eux à
l'Aſſignation qui leur ſeroit donnée, le
Recol qui ſeroit fait deſdits teſmoins, à
leurs depoſitions, tiendroit lieu de ſuffiſante confrontation à leur contumace, & ce
nonobſtant oppoſitions ou appellations
quelconques, & ſans prejudice d'icelles.

M   Autre

1654. Autre Ordonnance en suite rendue par Monsieur Dusauzey, l'vn de Nous, sur la requisition dudit Dru Procureur dudit Pinçon, portant que defaut luy estoit octroyé contre lesdits Menestrier, Gerbais, & François, & qu'ils seroient reassignez pour souffrir ladite Confrontation, & à faute de ce faire, que le Recol qui seroit fait desdits tesmoins, à leur deposition, tiendroit lieu de suffisante confrontation à leur contumace, & ce nonobstant oppositions ou appellations quelconques & sans prejudice d'icelles, en datte du vingtneufuiéme dudit mois d'Auril, le tout signé de nostre Greffier. Les Commissions audit Pinçon deliurées sur icelles ledit jour vingneufuiéme Auril signées de nostre Greffier, au bas desquelles sont les Exploits d'Assignations données tant aux tesmoins ouys en l'Information dudit Pinçon, que ausdits Menestrier, François, & Gerbais, signées dudit Voisin Huissier. Le Recol fait des tesmoins ouys en l'Information dudit Pinçon, à leur deposition, pardeuant ledit sieur Dusauzey les trentiéme dudit mois d'Auril, cinquiéme, & sixiéme du present, en suite duquel est l'Ordonnance rendue par ledit sieur Dusauzey ledit jour cinquiéme du present

preſent ſur la requiſition de Dru Procureur dudit Me Nicolas Pinçon portant acte
deſdites requiſitions, & que leſdits Meneſtrier & François conſtitueroient Procureur, & eſliroient domicile en ce cette Ville, autrement tenu pour eſleu en la maiſon
& perſonne de leur Procureur, & que par
faute de comparoir par ledit Gerbais comme deuant, ſur l'heure de quatre, Deffaut
eſtoit donné & octroyé contre luy, pour le
profit duquel, ordonné que le Recol fait
deſdits teſmoins, à leur depoſition, tiendroit lieu de ſuffiſante Confrontation à ſon
egar à ſa contumace, & acte de la conſti-
tution de Procureur & eſlection de domicile faite par leſdits Meneſtrier & François,
& promeſſes de ſe repreſenter à toutes aſſignations, & qu'il ſeroit paſſé outre nonobſtant oppoſitions ou appellations quelconques, & ſans prejudice d'icelles: Et la
ſignification d'icelle Ordonnance à M^e
Mellier Procureur dudit Gerbais, en parlant à Bonjour ſon Clerc principal le meſme jour, le tout ſigné de noſtredit Greffier.
La confrontation faite des teſmoins ouÿs
en ladite Information, auſdits Meneſtrier,
François, & Gerbais, pardeuant ledit Sieur
Duſauzey le trentiéme dudit mois d'Avril,

 cinquiéme

1654. cinquiéme & sixiéme dudit present mois de May : Ensemble l'Ordonnance par ledit Sieur Dusauzey renduë ledit jour cinquié-me du present, portant acte des requisitions & protestations faites par ledit Dru Procu-reur dudit Pinçon, & que les tesmoins oüys en l'information dudit Pinçon se-roient reassignez à côparoir ledit jour deux heures de releué, pour estre recollez à leurs depositions, & confrontez ausdits accusez, lesquels à mesmes fins seroient assignez à ladite heure pour souffrir ladite confronta-tion, auec intimation qu'à faute de com-paroir par eux, le Recol qui seroit fait desdits tesmoins, à leurs depositions, tien-droit lieu de suffisante confrontation à leur contumace, & qu'il seroit passé outre non-obstant oppositions ou appellations quel-conques, & sans prejudice d'icelles. Autre Ordonnance dudit Sieur Dusauzey ren-duë en la presence dudit Gerbais, portant que le lendemain sixiéme du present, il se-roit procedé à la continuation de ladi-te confrontation auec les tesmoins re-stans, & que par faute de comparoir par iceluy Gerbais, le Recol par luy fait desdits tesmoins, à leurs depositions, tiendroit lieu de suffisante confrontation, & ce nonob-stant

nant oppositions ou appellations quelcon- 1654
ques, & sans prejudice d'icelles. Et autre
Ordonnance dudit Sieur Dusauzey ensuite
ledit jour sixiéme du present portant acte
de la confrontation desdits tesmoins ausdits
accusez, & que le tout seroit communiqué
audit Pinçon pour bailler ses conclusions
pour ce faict, & le tout remis entre ses
mains, & rapporté au present Bureau estre
ordonné ce que de raison, le tout signé de
nostredit Greffier. La Commission audit
Pinçon delivrée sur la susdite Ordonnance
du cinquiéme du present, pour faire assigner
lesdits tesmoins, pour estre reuolez à leurs
depositions, & confrontez ausdits accusez;
ensemble lesdits accusez pour souffrir ladite
confrontation signée de nostre Greffier, au
bas de laquelle est l'Exploit d'assignation
baillée tant ausdits tesmoins que accusez le
mesme jour cinquiéme du present par ledit
Voisin Huissier. Les Conclusions ciuiles
dudit Nicolas Pinçon, par lesquelles il con-
cludit, pour son interest, à ce que lesdits
accusez fussent suffisamment declarez at-
tains & conuaincus des contrauentions aux
Edicts & Ordonnances de sa Majesté sur
le faict des Douanes, violances, desobeïs-
sances à Iustice, & autres cas à eux impo-
sez,

sez, pour reparation desquels ils fussent condamnez solidairement en l'Amende de deux mil liures, à luy profitable pour ses dommages & interests, les marchandises saisies, declarées acquises & confisquées à son profit : comme aussi le Batteau dudit Gerbais qui les auoit voiturées, ensemble les meubles estans en la maison dudit François, & qu'à la representation du tout les gardiateurs, depositaires, & ceux qui s'en treuueroient saisis, fussent contrains, ou de luy en payer la juste valeur, se rapportant ledit Pinçon à Messieurs les Gens du Roy de requerir, pour l'interest du public, la punition condigne à la desobeissance & violance commise par lesdits accusez, & que deffences fussent faites audit François, de receuoir ny entreposer, cy-apres, en sadite Maison & Blancherie, aucunes marchandises sujettes aux droicts de Doüane, audit Menestrier d'en descharger ny faire descharger, & audit Gerba, d'en plus entreposer qu'elles n'ayent esté conduites en cette Ville, à peine de punition exemplaire, & autres portées par les Edicts de sa Majesté, & aux despens des procedures, lesdites Conclusions signées dudit Dru son Procureur. Inuentaire de production desdites

pieces

pieces signé de Voisin Clerc principal dudit Dru. Les Remonstrances faites pardo-
uant ledit sieur Dusauzey le vingtneufuiéme Auril presente année, par Me Humbert
Dumont Procureur dudit Denis Mene-
strier en la presence dudit Dru Procureur
dudit Nicolas Pinçon, & son Ordonnance
portant acte desdites Remonstrances, declaration & consentement des parties, &
sauf & sans prejudice de leurs droicts, que
lesdites marchandises seroient baillées &
deliurées audit Menestrier, en baillant par
luy bonne & suffisante caution de la valeur
d'icelles, & du jugé, ou de les representer
(en l'estat qu'elles luy seroient remises)
lors du Iugement du procez, estimation
prealablement faite d'icelles par Expers,
dont les parties conuiendroient pardeuant
luy, ensemble la Nomination desdits Expers, apres la declaration faite par ledit Du-
mon de n'en vouloir. Le Rapport & Estimation par lesdits Expers faite desdites marchandises en suite de ladite Ordonnance,
& la Nomination des Cautions par ledit
Menestrier prestées, pour l'execution de la
susdite Ordonnance. L'Ordonnance dudit sieur Dusauzey portant acte des requisitions, protestations & remonstrances des

parties, & qu'en suite de la susdite Ordonnance lesdites Cautions estoient receuës, & en conséquence, que lesdites marchandises seroient déliurées audit Menestrier ausdites Cautions, & qu'à ce faire ledit Pinçon ou ses Concierges seroient contraints par emprisonnement de leurs personnes, & acte des promesses respectiuement faites par lesdites Cautions, de rendre & restituer lesdites marchandises lors & quand seroit ordonné, ou payer la somme à laquelle elles auoient esté estimées, ensemble le jugé; Et qu'à l'exécution d'icelle il seroit passé outre nonobstant oppositions ou appellations quelconques, & sans préjudice d'icelles, au bas de laquelle est la signification faite d'icelle audit Me Dru Procureur dudit Pinçon, contenant les protestations par luy faites de se pouruoir contre ladite Ordonnance renduë au préjudice des Edicts & Ordonnances de sa Majesté, & pour auoir deu estre renduë au présent Bureau au rapport de Mr de Seue Président & Lieutenant Général, & Commissaire en cette partie, le tout signé de nostre Greffier. Requeste à Nous présentée par ledit Menestrier, expositiue; Qu'il auroit fait charger vn Batteau de quelques cuirs de

Bœufs,

Bœufs, Vaſches & Cheuaux, au port de 1654.
Glanon au pays de Bourgogne, pour
conduire ladite Marchandiſe en cette Ville,
& d'autant que la totalité de ladite Marchandiſe n'eſtoit ſeche, les voicturiers, conducteur d'icelle, auroient, pour empeſcher l'infection qu'elle eût peu apporter
dans la Ville, deſchargé celles qui n'e-
ſtoient ſeches, & qui eſtoient mouillées, &
les autres auroient eſté conduites au By-
reau de la Douane Saint Vincent, où eſtans,
& en meſme temps fût declaré qu'il y en
auoit d'autres en la Blancherie du Sieur
Cardon, en quantité de quinze douzaines
cuirs de Vaſches, quarante cuirs de Bœufs,
& quelques cuirs de Cheuaux, que l'on
ameneroit au plûtoſt incontinant qu'ils ſeroient ſecs. Du deſpuis leſdits cuirs auroient
eſté eſtendus au long de la riuiere de Soſne
& ſur le grand chemin tendant de Veize à
l'Iſle-Barbe, & au deuant la ſuſdite Blancherie & dans icelle, pendant le jour & à
l'aſpect d'vn chacun, & le ſoir, pour obuier
à la perte, l'on reſerroit icelle dans ladite
Blancherie, dequoy ayans eſté les Commis
du Fermier de la Douane aduertis, ils ſe
ſeroient transportez audit lieu le douzième
Auril dernier, où eſtas, & faiſans connoiſtre

à

1654. à quelles fins ils eſtoiẽt là audit Meneſtrier,
qui n'auoit jamais negocié en ſemblable
Marchandiſe en ce pays, au contraire au
lieu de deſcendre elles montoient. Il auroit
dit auſdits Commis, que c'eſtoit qu'ils deſi-
roient, qui luy ayans dit qu'il falloit conduire icelle à la Doüane, & qu'elle meritoit
confiſcatiõ, iceluy Meneſtrier auec des Portefaix s'ayda à charger icelle ſur les Charrettes, bailla trente ſols à ceux qui s'ayderẽt
à la charger ayant luy, qui faiſoit voir qu'il
n'auoit aucunement delinqué ny contreuenu, & n'auoit nullement ſçeu s'il n'eſtoit
pas permis de faire ſemblables deſcharge-
mens, attendu l'vrgente neceſſité. Que par
les remonſtrances par luy faites pardeuant
ledit Sieur Duſauzey il auoit eſtably ſes
faits, qui eſtoient, que l'on auoit tort de le
pourſuiure en contrauention pour auoir
deſchargé en la Blancherie du Sieur Cardon, & au deuant icelle, qui eſtoit au bord
de la riuiere de Saone, qu'il eſt Marchand
Taſneur de la Ville de Nuitz, qu'il n'auoit
jamais amené ſemblables Marchandiſes en
cette Ville, qu'il les auoit venduës dans le
pays, que le premier Mardy du Careſme
dernier les nommez Bruyas & Moyroud
Marchands de cette Ville l'eſtans allé treuuer

uer audit Nuitz, il leur fist compagnie à 1654.
Dijon où ils voulurent acheter de Cuirs,
qu'estans reuenus audit Nuitz, il leur fist
voir partie de ses Cuirs, qui estoiét encores
pour lors dans les fosses, qu'ils entrerent en
marché sans pouuoir rien resoudre, que peu
apres le nommé la Gerba estãt allé en Bour-
gongne auec des Batteaux, luy fit entendre que lesdits Bruyas & Moyroud auoient
grande enuie d'auoir lesdits Cuirs au plu-
tost & dans la Semaine suiuante, que sur
cèt auis il les fist mener au port de Glanon, bien que la pluspart d'iceux ne fussent secs, qu'audit lieu ils furent mis dans
vn Batteau pour les conduire en cette Ville, qu'estans arriuez à Riotty le Samedy
auant le Dimanche auant les Rameaux, il
vint en cette Ville, dit ausdits Bruyas &
Moyroud qu'il auoit amené lesdits Cuirs,
qui luy ayans demandé s'ils estoient secs,
il leur dit qu'il n'y en auoit qu'vne partie,
que luy ayans dit qu'ils ne se pouuoiét vendre en cèt estat, il leur demanda s'il y auoit
place dans la Ville pour les faire secher, &
luy ayans dit que non, attendu la quantité.
Que ledit Batteau estant à l'Isle le Lundy
de la Semaine Saincte, lesdits Bruyas &
Moyroud y furent pour les voir, que les
ayans

1654. ayans veu ils dirent qu'ils iroient querir
ceux qui estoient secs, qu'il leur dit d'y
aller quand ils voudroient, qu'ils payassent
la Doüane de ceux qui estoient secs, qu'ils
denonceassent qu'il y en auoit plus grande quantité deuant ladite Blancherie que
l'on vouloit faire secher & acquitter la
Doüane, qu'en suitte, & le lendemain, lesdits Moyroud & Bruyas estans allez audit
lieu ils prirent ceux qui estoient secs, les
consignerent à la Doüane Saint Vincent,
& en mesme temps declarerent qu'il y en
auoit d'autres en ladite Blancherie en quas-
tité de quinze douzaine cuirs de Vaches,
quarante cuirs de Bœufs, & quelques cuirs
de Cheuaux, que l'on ameneroit incontі-
nent qu'ils seroient secs en ladite Doüane.
Que depuis l'on auroit estendu plusieurs
Cuirs sur le bord de la riuiere de Sofne pour
les faire secher, & mesmes dans partie de
ladite Blancherie où il n'y auoit des Toilles,
& où ils demeuroient pendant le jour, &
apres estoient remis dans ladite Blancherie
sous vn Couuert garny de paille, lequel estoit ouuert de toutes parts. Que pour établir
dauantage ses faits, il auoit loüé en cette Ville vne Boutique ou Magazin ruë de la Grenette, pour déposer ses Cuirs incontinent

qu'ils

qu'ils auroient esté secs, & lesquels ne pouuoient estre traduits en ladite Boutique
qu'ils ne fussent entrez, & pour les entrer
il falloit payer ledit droict de Doüane; Que
lesdits Commis & Gardes ne pouuoient deposer qu'en faueur de leur Maistre qui les
tient à gage, & qu'il ne se treuueroit qu'il
eust jamais amené semblables marchandises en cette Ville, laquelle ne pouuoit estre
conduite ailleurs qu'en icelle, & que s'il
eust eu ce dessein il ne s'en seroit pas tant
approché, ce qui ne se pouuoit faire secret-
tement pour en oster la connoissance, attendu que c'est vne marchandise de grand
volume, laquelle estoit deballée & deplo-
yée à l'aspect & veüe de tous les passans, &
qu'il y auoit eu cause d'en vser de la sorte,
sçauoir pour mettre ladite marchandise
en estat d'estre venduë, à l'effet de quoy il
falloit qu'elle fust entierement seche, outre
qu'il auoit satisfait, quoy que fust, lesdits
Moyroud & Bruyas pour luy, à tout ce que
l'on pouuoit desirer, par le moyen de la declaration faite par eux au Bureau de la
Doüane Saint Vincent; Ce qui auoit esté si
bien reconnu par le sieur de Baignaulx Directeur en ladite Doüane, qu'il auoit consenty que ladite marchandise luy fust deli-
ureé

urée à caution, estimation prealablement faite, pour empescher le peril d'icelle. Concluoit ledit Menestrier, à ce qu'il Nous plust, pour la justification de son droict, ordonner qu'il seroit receu à la preuue desdits faicts, & autres contenus au Registre du vingt-neufuiéme Auril dernier, & sur le Resultat de ses responces, pour l'Enqueste faite, & rapportée pardeuers Nous, estre rendu droict diffinitiuement aux parties, auec despens, dommages, interests, & de l'Instance, ladite Requeste signée dudit Menestrier, au bas de laquelle est l'Ordonnance dudit sieur Dusauzey, portant qu'elle seroit signifiée & jointe, en datte du septiéme du present, & l'Exploit de signification faite d'icelle audit Pinçon par Balmont Sergent Royal, en parlant à Me Iean Dru son Procureur, en datte du vingtiéme dudit. Autre Requeste par ledit Menestrier à Nous presentée, exposituel Que ledit Pinçon Fermier de la Douane, pretendant qu'il eust contreuenu, en ce qu'il n'auoit pas deschargé toute sa marchandise dans la Douane de cette Ville, & qu'il n'auoit icelle consigné, Iceluy Menestrier Nous auroit baillé Requeste, par laquelle il auroit estably tous les faicts qu'il entendoit verifier

verifier, pour faire voir qu'il n'auoit aucunement contreuenu ; Et afin de les circon-
ftancier encores plus particulierement, &
adjouftant à ceux defignez en fadite Requefte, Nous fupplioit d'obferuer ; Que
lors que la marchandife qui eftoit feche fuft confignée & aquitée à la Doüane,
fuft denoncée la marchandife qui n'eftoit
feche, & que lors de ladite denonciation,
fuft demandé vn Billet d'aquit & de denonciation, lequel les Commis de la Doüane refuferent, difans que quand l'on feroit
entrer le reftat de la marchandife, que l'on
paracheueroit de payer, & ainfi, qu'il n'e-
ftoit befoin d'aucun billet, & qu'il fuffifoit
de la denonciation que l'on auoit faite.
Concluoit iceluy Meneftrier, à ce qu'il
Nous pluft luy permettre de verifier les
faits pofez en la precedente Requefte, que
ceux cy-deffus circonftanciez ; ladite Requefte fignée de Dumont fon Procureur,
au bas de laquelle eft l'Ordonnance dudit
fieur Dufauzev en datte de ce jourd'huy,
portant acte d'icelle ; Qu'elle feroit communiquée dudit Pinçon & jointe au procez,
pour en jugeant y auoir tel égard que de
raifon, & la fignification faite d'icelle audit
Dru Procureur dudit Pinçon par Roulliet

Huiffier

1654. Huissier au Bureau des Finances en datte du mesme jour. Tout consideré,& oüy ledit Dru Procureur dudit Pinçon, assisté du Sieur de Baignaulx Directeur General en ladite Doüane, qui a dit que les Ordonnances de sa Majesté luy fournissent de matiere suffisante pour soustenir, comme il fait, les faits par ledit Menestrier articulez tant par la Requeste à luy presentement signifiée,que par la precedente,lesquels ils ne repetera , perciftant aux Conclusions par luy cy-deuant prises ; lesquelles il est sans difficulté,par les raisons & moyens,proposez en icelles, qu'elles luy doiuent estre faites,& adjugées;notamment,si l'on considere, que la denonciation que pretend ledit Menestrier auoir esté faite,n'a esté faite par luy, ny aucuns de ses Seruiteurs ny Agens , ains par tierces personnes , & laquelle de consequent,quand elle seroit veritable,ce que non,elle ne peut estre considerable;Surquoy,apres s'estre lesdits Dru & de Baignaulx retirez , & oüy Me Pierre Bollioud Mermet Aduocat du Roy , pour le Procureur du Roy.

IL EST DIT, sans auoir égard aux Requestes incidentes presentées par ledit
Menestrier

Meneſtrier, & jointes au Procez les ſeptiéme & vingt-ſeptiéme du preſent mois, pour
la contrauention faite par leſdits Meneſtrier, François & Gerbais, aux Edicts & Ordonnances de ſa Majeſté pour le fait des
Doüanes, que leſdites marchandiſes ſont
declarées acquiſes & confiſquées au profit
de ſadite Majeſté, ſes Fermiers où ayans
droict, leſdits Meneſtrier, Gerbais & François, condamnez chacun en trente liures
d'amende ſolidairement, & aux deſpens des
procedures. Sçauoir ledit Meneſtrier en
la moytié d'iceux, & l'autre moytié par leſdits François & Gerbais, & pour raiſon de
la violance, & pretenduë rebellion deſdits
Gerbais & François, que les parties ſont
miſes hors de Cour, deffences auſdits
Meneſtrier, François & Gerbais, de recidiuer ſur plus grandes peines, & paſsé outre nonobſtant oppoſitions ou appellations
quelconques, & ſans prejudice d'icelles,
ſigné Maſcrany Preſident, Guillard Con-
ſeillers du Roy, Treſoriers Generaux de
France au Bureau des Finances eſtably
à Lyon. Duſauzey Conſeiller du Roy,
Lieutenant particulier en la Seneſchauſ-
ſée & Siege Preſidial de Lyon. Iuſtinian
Croppet Conſeiller du Roy, Maiſtre des

1654.

N   Ports

1654. Ports, Ponts & Paſſages. Bollioud Mermet,
& Vincent de Panettes, Aduocats du Roy.
Prononcé le vingt - ſeptiéme May mil
ſix cens cinquante - quatre.

Collationné,

PERROT Greffier.

Autre

Autre Sentence des Iuges de la Doüane de Lyon du 18. Decembre 1654. par laquelle les nommez Simond & Chauaſſu ſont condamnez en l'amende de trente liures, & aux deſpens, pour auoir entreposé deux Charrettes dans le Logis du Chapeau rouge au Fauxbourg de Veize.

LEs Iuges eſtablis par Edict de ſa Majeſté pour la Doüane de Lyon, ſçauoir faiſons; Qu'eſtans au Bureau de ladite Doüane ce jourd'huy Ieudy dixſeptiéme Decembre mil ſix cens cinquante-quatre, en l'abſence du ſieur Maiſtre des Ports, Ponts & Paſſages, & apres que l'Huſſier de ſeruice Nous a rapporté iceluy n'eſtre en Ville; s'eſt preſenté Me Iean Dru Procureur de Me Nicolas Pinçon Fermier, & Adjudicataire general des cinq groſſes Fermes de France, la Doüane de Lyon y compriſe, aſſiſté de ſieur Philippes de Baigneaulx Controlleur general, Intendant dans ladite Doüane; Qui Nous a dit, que les Gardes

 de

de ladite Douane establis aux Portes du Fauxbourg de Veize, ayans eu auis que Dimanche dernier le nommé Pierre Simond, dit Cordel, Roulier sur le grand chemin tendant dudit Lyon à Roanne, & de Roanne en cette Ville, estoit arriué au Fauxbourg de Veize, conduisant deux Charrettes chargées de marchandises venans dudit Roanne, & qu'il les auoit entré & entreposées dans l'Hostellerie du Chappeau rouge dudit lieu de Veize, detellé les cheuaux desdites Charrettes, & iceux fait conduire en sa maison au lieu de Saint Cyre, Lesdites Gardes saisirent lesdites Charrettes, & marchandises qui estoient dessus, en dresserent Procés verbal, sur lequel, tant ledit Cordel que Simond Chauassu Hoste dudit Logis, ont esté ouys, & la cause renuoyée à plaider à ce jourd'huy, sur ce qu'il soustient, conformement aux Edicts & Ordonnances de sa Majesté sur les droicts de Douane, portans deffences à tous Voituriers de conduire & mener aucunes marchandises, ny icelles entreposer aux Fauxbourgs des Villes & Granges, sans premierement les auoir amenées tout droit à la Douane, à peine de confiscation desdites marchandises, des Cheuaux, Charrettes, Mulets,

Mulets & Batteaux, de l'amende de cinq 165
cens liures pour châque fois qu'ils y con-
treuiendroient, & à tous Hostelliers, Ta-
uerniers & Grangiers d'alentour de cette
dite ville de Lyon, de receuoir lesdites marchandises, sans auoir esté premierement
menées à la Douane, sur peine de confiscation des Granges, Maisons, Hostelleries
& Cabarets, au cas qu'ils en soient les proprietaires, & de punition corporelle : Et où
ils ne seroient que Locataires desdites Hostelleries, que les meubles qui se treuueront
en icelles, seroient aquis & confisquez à sa
Majesté. Qu'ayant ledit Simond entreposé lesdites Charrettes dans le Logis dudit
Chappeau rouge, ledit Chauassu proprie-
taire & Maistre d'iceluy l'ayant souffert,
lesdites Charrettes & marchandises seront
declarées aquises & confisquées au profit
de sa partie, comme ayant les droicts de sa
Majesté, lesdits Cordel & Chauassu con-
demnez chacun en cinq cens liures d'a-
mende, pour auoir, par ledit Chauassu, souffert ledit Entrepost, & ledit Cordel pour
l'auoir fait, & aux depens des procedures
solidairement, auec deffences d'y recidiuer
à peine de punition exemplaire, & autres
indites par les Ordonnances. Bernico Ad-

1654. uocat pour Pierre Simond dit Cordel, & pour Simond Chauaſſu, aſſiſté de Faure le jeune leur Procureur a dit, que ledit Cordel ayant mené à Roanne quelques marchandiſes, fuſt chargé à ſon retour d'autres marchandiſes par vn nommé Goutier, appartenantes à des Marchands de cette Ville, leſquelles ayant amené juſques au Fauxbourg de Veize, & ſes Cheuaux s'eſtans treuuez recrus; Sur les deux heures du Dimanche, pour en prendre d'autres, il fit entrer ſes Charettes ſous le couuert dudit Chauaſſu, & enuiron vne heure apres ayant pris d'autres Cheuaux, rendit ladite marchandiſe à la Doüane, à quoy bien qu'il n'y ait point de faute, touteſfois le Fermier pretend la confiſcation deſdites marchandiſes, Charrettes, Cheuaux, & condamnation de l'amende, tant contre l'vn que contre l'autre. Or pour ce qui eſt dudit Chauaſſu, ce qui a eſté fait par ledit Cordel eſtant en ſon abſence, à ſon inſceu & de ſes domeſtiques, attendu que l'endroit par lequel ledit Cordel eſt entré demeuré touſiours ouuert, il n'eſtime pas qu'il y ayt aucune faute de ſa part. Quant audit Cordel il n'y en à point non plus, veu que ſi bien par les Ordonnances il eſt deffendu

fendu d'arrester aux Fauxbourgs, ny autres 1654.
endroits proche de la Ville, cela neantmoins ne peut auoir lieu au fait present,
consideration faite que ce qu'il en a fait
est par necessité pour changer de Cheuaux, & qu'incontinent apres il a rendu la
marchandise à ladite Douane, laquelle il
n'y à pas apparence qu'il ayt voulu frauder,
veu qu'il n'est pas obligé de la payer, moins
ne le pouuoit faire, veu qu'il est chargé par
les Lettres de Voiture de la marchandise,
laquelle d'ailleurs paye fort peu de chose.
L'on dit qu'en ce cas il faloit laisser la marchandise en la ruë, ou auertir les Commis,
mais cela ne se pouuoit, parce qu'il pleu-
uoit ; D'ailleur l'endroit auquel ladite marchandise a esté mise est tellement ouuert
& decouuert, que la marchandise y paroit
aussi bien que si elle estoit à la ruë : C'est
pourquoy sans auoir egar à la requisition
dudit Fermier, ils concluoient à ce qu'ils
soient renuoyez des fins & conclusions
contre eux prises, auec despens. De la Font
Procureur, & assisté de sieurs Simond &
Iacob Pellotier, Claude Villerme, &
Forest marchands de cette Ville, dit qu'ils
sont venus au Bureau de la Douane de cette Ville pour retirer quelques marchandi-

ses.

 ses venans de Roanne, mais on a fait refus de les leur deliurer, sous pretexte de certaine contrauention que le Fermier de ladite Doüane pretend auoir esté commise par le Voiturier conducteur d'icelles, au moyen de laquelle il pretend obtenir la confiscation desdites marchandises; ce qu'ils ont notable interest d'empescher, puis qu'ils n'ont en aucune façon contreuenu, & n'estiment pas mesmes que le Voiturier l'ayt fait; Aussi, quoy que ledit Voiturier ayt fait connoistre qu'elles appartiennent à ses parties, on a rien dit ny fait contre: Cela estant, il reconnoit bien que lesdites marchandises leur doiuent estre baillées, Conclut partant à ce que les marchandises estans de present au Bureau de ladite Doüane, & voicturées par ledit Simond dit Cordel, leur soyent deliurées, en payant par eux les droicts de Doüane qui se treuueront estre deubs pour raison d'icelles; Et où Nous ne voudrions prononcer dés à present sur ladite deliurance, il Nous requiert qu'acte luy soit octroyé de l'Interuention qu'il forme pour lesdits Pelliotier, Villerme & Forest, en la presente Instance; Que communication luy sera faite du tout pour y deliberer ainsi qu'il

verra

verra, aux proteſtations de tous leurs deſpens, dommages & intereſts, tant à l'encontre dudit Pinçon Fermier , que des
ſieurs Michon qui ont pris la conduite deſdites marchandiſes, & autres qu'il appartiendra. Ledit Dru en replique, dit que ce
qu'eſt allegué par ledit Mᵉ Bernico eſt contraire, ſauf correction, à la verité reſul-
tante des pieces qu'il a en main, notamment du Procés verbal de ſaiſie deſdites
marchandiſes & Charrettes , fait par les
Commis de ſa partie ledit jour de Dimanche dernier ſur les deux heures de releué
dans la Cour du Logis du Chappeau rouge, par lequel il conſte que leſdites marchandiſes & Charrettes eſtoient entrepoſées dans ledit Logis, y furent par eux ſaiſies, arreſtées, & conduites à leur diligence, & furent par eux ſaiſies & arreſtées
pour en pourſuivre la confiſcation ; Et en
effet cette verité a eſté ainſi reconnue par
les accuſez en leurs reſponſes perſonnelles,
que ſi la Saiſie n'auoit eſté faite, ainſi que
ſuppoſe Mᵉ Bernico que le Lundy, ladite
marchandiſe ayant eſté voicturée à la
Doüane,& nullement entreposée audit Logis comme dit eſt, il ne voudroit ſouſte-
nir la cauſe. Le contraire donc apparoiſ-

1654.

N 5   ſant

1654. sant par les susdites pieces, & par la confession & aueu des accusez, il s'ensuit qu'ils ne peuuent empescher l'adjudication des fins & conclusions qu'il a prises contre l'vn & l'autre des accusez. La necessité alleguée d'entreposer lesdites Charrettes dans ledit Logis à cause de la lassitude de ses cheuaux ou de la pluye, n'estant vne excuse suffisante, veritable ny considerable, à correction; car ledit jour de Dimanche il ne pleust aucunement, & supposition faite que les Cheuaux qui tiroient lesdites Charrettes fussent arrassez, ledit Cordel pouuoit faire deux choses permises; La premiere, de laisser sa Charrette dans la ruë & en veüe, deteller ses Cheuaux & les faire repaistre; La seconde, de venir au Bureau qui est aux portes du Faux-bourg de Veize en faire sa declaration aux Commis de sa partie. Toutes ses excuses sont propposées à l'azard, & pour couurir par les deffences leur faute, laquelle paroist encore plus, & que ledit Entrepos estoit fait à dessein, en ce que ledit Cordel auoit ja enuoyé, lors de ladite saisie, ses Cheuaux au Village de sainct Cyre où il habite, ainsi qu'il resulte par les susdites pieces, auec lesquels de consequent, s'il n'eust eu quelque mau-

uais

uais deffein, il euft peu plus facilement continuer fon chemin, & faire rendre lefdittes Charrettes à la Doüane, que de faire
aller lefdits Cheuaux audit Saint Cyre;
Ne feruant non plus à confideration, d'alleguer qu'il n'y a eu, de la part des accufez, aucun deffein de fraude dans ledit
Entrepoft, ny mefmes la volonté ; Et
quand elle y euft efté, l'on ne pouuoit
l'executer, parce que ces marchandifes
chargées eftoient énoncées dans les Lettres de Voictures remifes audit Cordel,
parce qu'il fuffit audit demandeur, pour
eftablir ladite contrauention, que lefdites
Charrettes chargées defdites marchandifes ayent efté treuuées Entrepofées dans
ledit Logis au Faux-bourg de Veize, où
facilement l'on les pouuoit diuertir ou en
fuppofer d'autres pour frauder les droicts
du Roy. Bref c'eft tout ce qu'eft defiré
par les Edicts de fa Majefté, pour eftablir la
contrauention à iceux en matiere d'Entrepoft ainfi qu'il a remarqué cy-deffus, l'ab-
fence de l'Hofte dudit Logis ne pouuant
non plus excufer fa faute & contrauention,
comme tenu & refponfable de tout ce qui
fe fait dans fon Logis ; Et à l'égar de l'Interuention formée prefentement en cette
caufe

 cauſe par les parties dudit de la Font, qui diſent que les marchandiſes voicturées par ledit Simond Cordel leur appartiennent, ils ſont tres-mal fondez, ſauf correction, en la requiſition qu'ils font à ce qu'elles leur ſoient deſliurées; puis que par toutes les Ordonnances concernant les droicts de Doüane, les marchandiſes, Cheuaux, & Charrettes, qui ſe treuueront entrepoſées aux Faux-bourgs ou proche de cette Ville de Lyon, ſont ſujettes à la confiſcation, voire à des peines, notamment par celle de Charles IX. de l'année mil cinq cens ſoixante-ſix Article dix-huict; Aprés quoy, & diuers vos Iugements rendus en diuers rencontres qui ſe ſont preſentez en pareil cas, nonobſtant toutes excuſes propoſées par les accuſez, Vous Meſſieurs auez adjugé, par forme de confiſcation, à ſa Majeſté, non ſeullement les Cheuaux & Charrettes des accuſez, mais encor les marchandiſes par eux voicturées, & les Voicturiers & Marchands qui aduoüoient leſdites marchandiſes, en l'amende; laquelle de conſequent il a droict de requerir comme il fait, contre les contreuenans ſolidairement auec les accuſez, eſtant impertinent, ſauf correction,

de

de dire par eux qu'ils n'ont en rien contri-
buez en ladite contrauention, puiſque les
Marchands ſont reſponſables des fautes de
leurs Voicturiers; Partant perciſte ledit
Dru, à ce qu'il ſoit dit que leſdites Charrettes, Cheuaux & marchandiſes ſaiſies,
ſeront declarées aquiſes & confiſquées au
profit de ſa partie, ſans auoir égard à ladite
Interuention, leſdits Chauaſſu, Simond
Cordel,& Interuenans,chacun d'eux, condamnez en l'amende de cinq cens liures
profitable au demandeur, & aux deſpens
des procedures ſolidairement,auec deffences aux vns & aux autres d'y recidiuer à
peine de punition exemplaire; Surquoy,&
veu par Nous le Verbal fait par les Commis,Gardes,& Conducteurs pour la Doüane dudit Lyon à la porte de Veize, contenant,que le Dimanche treiziéme du preſent mois de Decembre ſur l'heure de deux
apres midy, ſur l'auis à eux donné que
certains Rouliers où Charretiers, auroient
contre les Ordonnances du Roy concernans la Doüane de cette Ville, entrepo-
ſez des Charrettes de marchandiſes dans
la Grange du Logis du Chappeau rouge au
Faux-bourg de Veize, les nommez Chaſtaignieres & Charroin,deux deſdits Commis

1654. mis & Gardes, auroient esté obligez de se
transporter audit Logis du Chappeau rouge, où estans, & estans entrez dans vne
Grange dependant dudit Logis, auroient
treuué entreposées dans icelles deux Charrettes chargées de huict Balles & vn Tonneau marchandises; Ce qu'ayans veu & reconnu, ils se seroient addressez au nommé
Chauassu hoste dudit Logis, luy enjoignant de par le Roy, de leur déclarer en
vertu dequoy il auoit permis l'Entrepost
desdites Charrettes chargées de marchandises, lequel leur ayant fait responce n'en
sçauoir aucune chose & n'y auoir consenty,
seroit suruenu le nommé Pierre Simond dit
Cordel, qui leur auroit auoüé estre Maistre
desd. Charrettes, & Voicturier des marchã-
dises chagées sur icelles; Auquel ayans fait
même commandement de par le Roy, de
leur déclarer en vertu dequoy il auoit fait
l'Entrepost desdites Charrettes & marchandises en ladite Grange, leur auroit respondu
que c'estoit pour faire repaistre ses Cheuaux, & luy ayans demandé où ils estoient,
leur auroit dit qu'il les auoit enuoyé en sa
maison au lieu de Saint Cyre; quoy voyans
lesdits Gardes, & attendu ledit Entrepost,
ils auroient saisi lesdites Charrettes & mar-
chan-

chandiſes ſur icelles, enjoignant audit Simond dit Cordel, de les tranſporter & conduire ſur le champt au Bureau general de
ladite Doüane, ce quayant ledit Simond
fait auec deux Cheuaux qu'il auroit em-
pruntez, ils auroient remis icelles Charrettes & marchandiſes és mains de Mᵉ André Cloſtrier Concierge en ladite Doüane,
luy faiſant deffences de s'en deſaiſir juſques autrement fuſt par Nous ordonné, à
peyne d'en reſpondre en ſon propre &
priué nom, & du tout dreſſé ledit Verbal
à ſa Requeſte dudit Pinçon Fermier de ladite Doüane, pour luy ſeruir & valoir en
temps & lieu, iceluy Verbal ſigné deſdits
Charroin & Chaſtaignieres, & remis au
Greffe par Voiſin Clerc principal de Mᵉ
Iean Dru Procureur dudit Pinçon, le lendemain quatorziéme dudit preſent mois de
Decembre, Requeſte auons preſentée par
ledit Nicolas Pinçon Fermier de ladite
Doüane, à ce qu'il Nous pluſt ordonner leſdits Pierre Simond dit Cordel, & Simond
Chauaſſu Hoſte dudit Logis du Chappeau
rouge, eſtre amenez pied à pied pour reſpondre ſur le contenu au ſuſdit Verbal,
circonſtances & dependances, pour ce
fait, & leurs reſponces à luy communi-
quées,

1634. quées, prendre par luy telles fins & conclusions qu'ils verront bon estre, & que
cependant lesdits Chauassu & Simond seroient arrestez prisonniers jusques à ce
qu'ils eussent baillé bonne & suffisante
caution, esleus domicille en cette Ville, &
constituez Procureur, & ce nonobstant oppositions ou appellations quelconques, &
sans prejudice d'icelles, ladite Requeste
signée dudit Voisin Clerc dudit M᷎ Dru
Procureur dudit Pinçon, au bas de laquelle
est l'Ordonnance de Monsieur le President
Lieutenant general en la Seneschaussée &
Siege Presidial de Lyon l'vn de Nous, portant que lesdits Simond & Chauassu seroient amenez sans scandale, en datte dudit
jour quatorziéme Decembre, signée par
extrait de nostre Greffier. Les Responces
personnelles desdits Pierre Simond dit Cordel & Simond Chauassu, faites le mesme
jour pardeuant ledit Sieur de Seue sur le
contenu au susdit Verbal, circonstances &
dependances, Et son Ordonnance, portant
qu'ils estoient delaissez en estat d'adjournez en personne, apres qu'ils auoient constituez Procureur & esleus domicille en
cette Ville, & promis de se representer à
toutes Assignations, le tout signé par collation

tion de nostredit Greffier, Trois Lettres 1654.
de Voictures escrittes de Roanne par le
nommé Goutier, faisant pour les sieurs
Claude & Iean Iacques Michon ; La premiere en datte du trentiéme du mois de
Nouembre dernier, addressente à sieur
Claude Villerme marchand de cette Ville,
contenant qu'il receuroit de Pierre Simon
vn Tonneau marchandises Nº 3. marqué
I.f. C.V. 15.10. que les ayant receües bien
conditionnées, luy payeroit quinze liures
dix sols. La Seconde du dixiéme du present, addressante au sieur Forest au logis du
sieur Milliotet, contenant qu'il receuroit
dudit Simond cinq Balles toiles Nº 13. à 17.
marquées 5.f.T & D 75. que les ayant receües bien conditionnées, il luy payeroit
soixante quinze liures ; Et la troisiéme du
mesme jour addressante aux Sieurs Simond
& Iacob Pellotier marchands de cette Ville, contenant qu'ils receuroient dudit Simond trois Balles drap Nº 8.12. & 13. marquées 3.fois S.I. 37. que les ayans receües
bien conditionnées, leur payeroient trente-
sept liures. Tout consideré, & ouy Mᵉ Vincent de Panettes Aduocat du Roy, pour le
Procureur du Roy,

IL EST DIT ; ayant égard à l'Inter-

O   uention

1654. uention desdits Pelletier, Villerme & Forests, que main-leuée leur est faite desdites marchandises: Et attendu la contrauention faite par lesdits Simond & Chauassu aux Edicts & Ordonnances de sa Majesté concernans le faict des Douanes, qu'ils sont solidairement condamnez en l'amende de trente liures, & aux despens des procedures, Et moyenant ce, main-leuée à eux faite desdites Charrettes, deffences à eux de recidiuer aux peines portées par les Ordonnances, & sera passé outre nonobstant oppositions ou appellations quelconques, & sans prejudice d'icelles. Signé Guillard President, de Sarde, Conseillers du Roy Tresoriers generaux de France au Bureau des Finances estably à Lyon. Seue Conseiller du Roy en ses Conseils d'Estat & Priué, President & Lieutenant General en la Seneschaussée & Siege Presidial de Lyon, & Vincent de Panettes Aduocat du Roy, pour le Procureur du Roy.

Prononcé le dix-huictiéme Decembre mil six cens cinquante-quatre.

Collationné.

PERROT Greffier.

Autre

*Autre Sentence des Iuges de la Doüane
de Lyon du 13. Decembre 1659. portant confiscation d'vne Caisse de marchandises, laissée à l'Arbresle par le
nommé Mathurin, Cocher ordinaire
de Paris en cette Ville.*

LEs Iuges establis par Edict de sa
Majesté pour la Doüane de Lyon,
Sçauoir faisons, Que ce jourd'huy
Vendredy douziéme du mois de Decembre
mil six cens cinquante-neuf, estans au Bureau de ladite Doüane, s'est presenté Me
Iean Dru Procureur de Me Nicolas Pinçon
Fermier & Adjudicataire general des cinq
grosses Fermes de France, la Doüane de
Lyon y comprise; Qui Nous a dit, que les
Messagers & Cochers ordinaires de Paris
en cette Ville, sont chargez à Paris de Caisses ou Balles de marchandises des plus pre-
cieuses,& lesquelles ils sont la pluspart fondez en coustume de descharger & entreposer par les chemins pour les faire entrer en
secret en cette Ville, pour frauder les droicts
de Doüane deubs à sa Majesté, desquels

 ils

1659. lis profitent, ou ceux qui les chargent, au prejudice de sa Majesté : Et en effet le nommé Mathurin, vn desdits Cochers, le premier Octobre dernier ayant remis au Concierge de ladite Doüane sa Lettre de Voicture, contenant le Chargement & Paquets qui luy auoient esté remis à Paris pour conduire en cette Ville, & consigné toutes les marchandises y énoncées, à la reserue d'vne Caisse emballée marquée par les lettres C C. N° 1. pour déliurer au Sieur Souzy Notaire Royal à Tarare, le Commis de sa partie se transporta au lieu de Larbresle où ledit Cocher l'auoit laissée, ayant oublié de la laisser audit lieu de Tarare en passant audit lieu, elle fut saisie à la Requeste de sa partie, & remise en la Conciergerie de ladite Doüane, pour en estre la Confiscation poursuiuie, auec adiudication de tous despens, dommages & interests, & de l'amende. A cet effet ledit Souzy a esté ouy en ses responses, & a reconnu que le nommé Allé marchand de Paris luy auoit escrit qu'il luy enuoyoit vne Caisse marquée C C par ordre & pour le compte de Claude Condancia marchand de Valsonne proche dudit lieu de Tarare, le supplioit de la luy faire tenir auec vne Lettre

d'a-

d'auis y jointe, laquelle lettre il luy a fait 1650.
tenir, ce que pourtant ledit Condancia à
defnié par fes refponces : Bien reconnu
auoir donné ordre audit Allé, de luy enuoyer des bas de foyes & rubans d'Angleterre, & qu'en fuitte de l'avis que luy don-
na ledit Souzy, il a efté chercher ladite
marchandife à Tarare & à Larbrefle, laquelle il auoit deffein d'enuoyer au Puy, où
il negocie ordinairement de draps, toiles,
& autres marchandifes. Ledit Dru fou-
ftient que n'ayans lefdites marchandifes
Eftrangeres efté confignées aux Bureaux
eftablis à l'entrée du Royaume, & ne iufti-
fiant d'Aquit à Caution d'icelles, conformement aux Ordonnances & Declarations
de fa Mayefté du troifiéme Octobre mil
cinq cens huictante-vn, & huictiéme Decembre mil cinq cens huictante-deux, portans peyne & confifcation defdites marchandifes, Cheuaux & Charrettes : Si que
fur ce, deffaut & contrauention aux Ordonnances de fa Májefté, il y a lieu d'adjuger la confifcation de ladite marchandife
à fa partie. Mais cette fraude eft fuiuie
d'vne autre, par vn deffein premedité par
ledit Condancia de frauder les droicts de
Douane deubs en cette ville de Lyon à fa

O 3   Ma-

1659. Majesté, ayant commis, comme il reconnoit, audit Allé, de luy enuoyer ses marchandises à Tarare à l'addresse d'vn Notaire Royal, pour dudit lieu les transporter au Puy en Velay où il negocie, comme il reconnoit pareillement par ses responces ; non à autre dessein seulement que pour frauder lesdits droicts de Douane. L'on sçait les deffenees portées par les Edicts & Ordonnances de sa Majesté concernants les Entrepoſts des marchandises, notamment la Declaration du Roy de l'année mil cinq cens soixante-quatre, & les peines portées par icelle, qui sont des confiscations desdites marchandises, & toutes les autres qui seront treuuées auec icelles entrepoſées, Cheuaux, Mulets & Charrettes ; Et contient ladite Ordonnance deffences de descharger lesdites marchandises despuis le Pont de Beauuoisin, où celles qui vienent d'Italie doiuent estre consignées, jusques en cette ville de Lyon, esloignée de quatorze lieüs. A plus forte raison l'Entrépoſt fait à Larbresle, esloigné de Lyon de trois lieües, est condamnable : Car qui croira que ledit Condancia eust fait venir dudit lieu de Tarare ladite Caisse en cette Douane pour y aquiter les droicts, puis qu'il l'auoit destinée

stinée pour le Puy en Velay,plus proche de **1659.**
Tarare que Lyon, où il l'euſt fait conduire
tres ſeurement, comme il a fait pluſieurs
autres, joint que s'il n'uſt eu ce deſſein for-
mé des la ville de Paris, il euſt fait con-
ſigner ladite Caiſſe au Bureau de Roanne
eſtably au commencement de cette Prouince; C'eſt pourquoy ledit Dru perciſte à
ce que ledit Ballot ou Caiſſe, & les marchandiſes y contenues, ſoient declarées
aquiſes & confiſquées au profit dudit Pinçon, auec deffences tres expreſſes, tant audit Souzy qu'audit Condancia, de recidiuer
à ſemblables Contrauentions, à peine de
punition exemplaire; & auſdits Cochers &
Meſſagers de deſcharger les marchandiſes
qui leur ſeront remiſes, ailleurs qu'au Bureau de la Dollane de cette ville de Lyon,
aux peines portées par les Ordonnances;
Iceux Condancia & Souzy condamnez ſolidairement en l'amende de mil liures enuers ledit Pinçon, & aux deſpens des procedures. Dufournel Aduocat dudit Claude
Condancia, aſſiſté de Deſchamps l'ayné ſon
Procureur, dit que ſa partie demeure au
lieu de Valſonne, & va par fois en la ville
du Puy, où il porte des Toiles pour vendre,
& en rapporte des Cadits, ſargettes, & au-

 tres

1659. tres Drapperies. Que sa Majesté estant al-
lée à Tholose, vn Marchand de ladite
ville du Puy luy auroit dit, que s'il faisoit venir de Paris des rubans & bas de
soye, il y treuueroit bien son compte,
ce qui l'auroit obligé descrire au Sieur Allé Marchand à Paris, chez qui demeure
vn sien frere, de luy enuoyer certaine
quantité de rubans & de bas de soye, il
croyoit que l'adresse s'en feroit au Sieur
Michel Condancia son frere Marchand en
cette ville, mais ledit Sieur Allé l'auroit
fait au Sieur Souzy demeurant à Tarare,
& le Cocher au lieu de laisser à Tarare
ledit Paquet, l'auroit porté jusques à Larbresle, où il l'auroit laissé au Logis du Cigne.
Apres quoy le deffendeur n'ayant aucunes
nouuelles dudit paquet, auroit esté contraint de faire assigner le Cocher, & ayant
apris de luy qu'il estoit à Larbresle, il
le feroit allé chercher, dans le dessein de
l'apporter en cette Ville pour aquiter les
droicts de Doüane, mais ayant sçeu de
l'Hostesse du Cigne qu'il auoit esté saisi,
il en auroit demandé la main-leuée, & ledit Pinçon au contraire soustient qu'il
estoit sujet à confiscation. Pour fonder
son intention il dit en premier lieu, que la
mar-

marchandise dont il s'agist n'a pas esté consignée à l'entrée du Royaume, mais il a
deub remarquer que le deffendeur ne la
fait pas venir directement d'Angleterre
mais de Paris, & qu'il est croyable que non
seulement elle a esté consignée, mais que
de plus le droict d'entrée au Royaume, &
dans la ville de Paris, a esté aquité ; Et si
bien on n'en iustifie pas, c'est que cela
n'est pas possible, soit à cause de la precipitation auec laquelle cette Instance est
poursuiuie, soit parce que peut-estre il y a
fort long-temps que ladite marchandise est
à Paris, outre qu'il n'est pas croyable qu'on
l'ayt laissé entrer sans faire l'Aquit; On
oppose en second lieu, qu'il y a vn Bureau à Roanne, où lon a deu consigner
ladite marchandise, mais outre que ledit
Bureau est estably puis peu de temps, on
ne sçauroit iustifier d'aucune declaration,
qui oblige d'y consigner les marchandises
qui entrent dans la Prouince à peine de
confiscation, ny d'aucun Iugement qui l'ayt
ordonné par ce deffaut, outre que ce
seroit la faute du Cocher qui auroit deu
faire ladite consignation. En troisiéme lieu,
on oppose qu'il y a Entrepost, qui a esté
tousiours prohibé. Le deffendeur veut

auoüer

auoüer que les Entrepoſts faits aux Faux-
bourgs de cette Ville ont eſté improuus, à
cauſe de de la fraude qui en peut prouenir,
mais on ne ſçauroit faire voir qu'on ayt jugé
qu'il y euſt Entrepoſt à deppoſer des marchandiſes à trois lieües de cette Ville ; Et ſi
bien on rapporte vn Reglement qui enjoint
de porter directemment les marchandiſes
qui viennent d'Italie, du Pont de Beauuoiſin
en cette Ville, ſans faire Entrepoſt, cela ne
fait pas conſequence pour les marchandiſes qui vienent de Paris. Enfin pour eſtablir
vne Confiſcation, il faudroit auoir preuue de dol & de fraude, dont on n'a pas ſeulement des conjecture vray ſemblables,
car ſi bien ladite marchandiſe a eſté depo-
ſée à Larbreſle, & addreſſée à Tarare, ce
n'eſt pas vne preuue qu'on voulut fruſtrer
les droicts de la Doüane, que ledit Condancia a eu tousjours deſſein d'aquiter ; Et
en effet s'il euſt eu vne penſée contraire,
il n'euſt pas fait venir ledit Paquet par la
voye du Coche. Il ſçauoit bien que le Cocher prend vn chargement à Paris de toutes
les marchandiſes qu'il conduit, lequel eſt
remis à la Doüane en cette Ville ; Il faudroit eſtre bien groſſier pour ne pas voir
que par le moyen de ce chargement la fraude

de , s'il y en auoit, & la perte de ladite marchandise, seroit decouuerte. Il y a beaucoup
d'autres moyens si on les vouloit pratiquer,
& il n'y à point de plus grande preuue de
l'innocence dudit Condancia , pour lequel
ledit du Fourhel à subjet de requerir à ce
que main-leuée luy soit faite desdites marchandises , & qu'il soit renuoyé des fins &
conclusions contre luy prises, auec despens:
à quoy il conclud. Surquoy aprés s'estre
lesdits Aduocats & Procureurs retirz: Veu
par Nous le Verbal de saisie faite par Estienne Bourgeois Visiteur general en ladite
Dotiane, contenant que le premier du mois
de Decembre dernier, seroit arriué en ladite Dotiane le nommé Mathurin, Cocher ordinaire de Paris en cette Ville, lequel auroit
à la maniere accoustumée , remis au Concierge de ladite Dotiane sa lettre de Voicture, Contenant le chargement des marchandises & Paquets qui luy auoient esté donnez à Paris, & iceux remis en ladite Dotiane, à la reserue d'vne Caisse marquée C.C.
pour déliurer à Monsieur Souzy à Tarare,
Et ayant remarqué qu'il n'y auoit aucun
receu ny deschargement fait de ladite Caisse en ladite Lettre de Voicture, il auroit
Iugé que ce pouuoit estre quelque marchandise

1659. chandise qu'on vouloit faire passer en fraude, pourquoy il auroit tasché de la pouuoir trouuer, & par le moyen des perquisitions qu'il en auroit faites, sçeu comme ladite Caisse n'auoit esté deschargée à Tarare, ains au lieu de Larbresle au Logis où pend pour Enseigne le Cigne, où ledit Cocher l'auoit laissée à Madame Tricaud Hostesse dudit Logis, disant qu'il auoit oublié de la laisser à Tarare, & que ceux à qui elle appartenoit, & qui en auroient affaire, l'yroient bien retirer d'elle, laquelle auroit fait responce audit Cocher, qu'elle ne la rendroit qu'à luy. Ce qu'ayant sçeu, il se seroit transporté chez ladite Tricaud, qui luy auroit auoüé auoir prins ladite Caisse de la maniere ditte, & l'ayant requise de la luy remettre pour la porter en ladite Doüane, elle l'auroit fait à la bonne foy, & l'ayant prinse, sans que l'vn n'y l'autre sçeussent qu'il y auoit dans icelle, s'en seroit chargé le quatorziéme dudit mois, & le lendemain quinziéme dudit, enuiron les huict heures de matin, l'auroit fait ouurir en ladite Doüane en la presence des Sieurs de Baignaulx & Merlat, & encores de Sieur Benoist Blazin Concierge en ladite Doüane, & se seroit treuué dans icelle cinq Paquets

quets bas & canons d'Angleterre de diuerses couleurs, pesens ensemble brut auec les
cartons, papier & ficelle, dixhuict liures; Et
quatre autres Paquets rubans de soye aussi
d'Angleterre, pesens bien aussi auec les
papiers & ficelle, huict liures; Toutes lesquelles marchandises ayans reconnu estre
Estrangeres, & par consequent obligées
d'estre voicturées à droitture en cette Ville, pour y payer & aquiter les droicts suiuant
& conformement aux Edicts & Ordonnances de sa Majesté, & nos Ordonnances,
à quoy auoient directement contreuenus,
tant ceux qui auoient fait l'enuoy desdites
marchandises, que ceux à qui elles appartenoient, qui auoient vn dessein premedité
d'en frauder les droicts comme il estoit vi-
sible; C'est pourquoy il auroit le tout saisi,
arresté, & mis sous la main du Roy & de
Iustice, & laissé au pouuoir dudit sieur de
Baignaulx Directeur general de ladite
Doüane, auquel il auroit fait deffences de
s'en desaisir, jusques à ce qu'il en eust esté
par Nous ordonné sur la Confiscation qui
en seroit poursuiuie à la Requeste dudit
Me Nicolas Pinçon Fermier de ladite Doüane, ledit Verbal par luy remis en nostre
Greffe ledit jour quinziéme Octobre dernier

1659. nier, signé par extrait de nostre Greffier.
L'Ordonnance renduë par Monsieur M^r
Pierre de Seue l'vn de Nous, sur la requi-
sition de Mr Dru Procureur dudit Mr Nicolas Pinçon, portant que le nommé Souzy,
desnommé audit Verbal, & auquel ladite
Caisse estoit addressée, & tous autres qui
auoüeroient ou reclameroient icelle, seroient assignez à comparoir en personne
pardeuant luy, pour respondre sur le contenu audit Verbal, circonstances & dependances, auec intimation que par faute de
comparoir & respondre, droict seroit sur le
champt rendu sur la confiscation requise, &
conclusion dudit Pinçon, & ce nonobstant
oppositions ou appellations quelconques
& sans preiudice d'icelles, en datte du quatorziéme de Nouembre suiuant. Les Responces personnelles dudit Souzy faites
pardeuant ledit Sieur de Seue le vingt-troisiéme dudit mois de Nouembre. Autre
Ordonnance dudit Sieur de Seue renduë
sur la requisition dudit Dru Procureur dudit Pinçon, portant que le nommé Claude
Condancia du lieu de Valsonne, seroit pareillement assigné pour comparoir en personne, & respondre tant sur ledit Verbal,
circonstances & dependances, que sur le
re-

resultat des responces dudit Souzy, auec 1659
intimation que par faute de comparoir &
respondre, il seroit procedé au Iugement
de ladite contrauention ainsi que de raison,
& ce nonobstant oppositions ou appellations quelconques, & sans prejudice d'icelles, ladite Ordonnance en datte du deuxiéme du present. Les Responces personnelles dudit Claude Condancia aussi faites
pardeuant ledit Sieur de Soue le Samedy
sixiéme du present; Et autre Ordonnance
dudit Sieur de Seue portant acte des declaration & requisition dudit Dru Procureur
dudit Pinçon, ordonné que les parties en
viendroient precisement ce jourd'huy deux
heures de releué au present Bureau, à peine
d'exploit contre le deffaillant, pour le profit
duquel il seroit pourueu sur le'champt sur
la confiscation par luy requise, & autres
conclusions par luy prinses au procez, & ce
nonobstant oppositions ou appellations
quelconques & sans prejudice d'icelles, &
seroit signifié, ladite Ordonnance du dixief-
me du present, au bas de laquelle est la
signification faite d'icelle le mefme jour à
Me Deschamps l'ayné Procureur desdits
Souzy & Condancia, le tout signé de nostre
Greffier. Tout consideré, & ouy Me Iean
Vidaud

1659. Vidaut Procureur du Roy.

II. EST DIT, que ladite Caisse, & marchandises estans dans icelle, sont declarées aquises & confisquées au profit dudit Pinçon. Ordonné qu'elles seront vendues au plus offrant & dernier encherisseur, pour du prix en prouenant, estre deliuré le tiers au saisissant & le surplus audit Pinçon, les droicts de Doüane deubs pour raison d'icelles, & fraiz de Iustice, prealablement leuez, Et passé outre nonobstant oppositions ou appellations quelconques, & sans prejudice d'icelles. Signé Charrier President, Mercier, Conseillers du Roy Tresoriers generaux de France au Bureau des Finances estably à Lyon. Seue Conseiller du Roy en ses Conseils d'Estat & Priué, President & Lieutenant General en la Seneschaussée & Siege Presidial de Lyon. Croppet Conseiller du Roy, Maistre des Potts, Ponts & Passages, & Vidaut Procureur du Roy.

Prononcé le troiziéme jour du mois de Decembre mil six cens cinquante-neuf.

Collationné,

PERROT Greffier.

Autre

*Autre Sentence des Iuges de la Doüane
de Lyon du 17. Iuin 1661. portante
confiscation, sur le nommé Seglat, de
deux Balles layne venans de Dauphiné, ensemble le Cheual qui les portoit,
& ce pour n'auoir aquité les droicts
de Doüane en cette Ville.*

LEs Iuges establis par Edict de sa Majesté pour la Doüane de Lyon. Sçauoir faisons, que ce jourd'huy Vendredy dix-septiéme jour du mois de Iuin mil six cens soixante-vn, estans au Bureau de laditte Doüane, s'est presenté Me Iean Dru Procureur de Me Sebastien le Bar, Fermier & Adjudicataire General des cinq Grosses Fermes de France, la Doüane de Lyon y comprise, assisté de Me André Merlat Commis & Receueur General en laditte Doüanne, qui Nous a dit, & remontré que les Gardes de ladite Doüane pour ledit Fermier, estans le quatorzieme du present au lieu de la Terrasse, ils auroient veu passer au deuant de leur

logis

1661. logis vn nommé André Seglat Voiturier par terre du lieu de S. Pierre de Bœuf, conduisant vn Cheual chargé de deux Bales de laine au lieu de Saint Chamond venant de Dauphiné, ainsi qu'il auroit reconnu, sans auoir icelles conduit en cette Ville pour y payer les droicts de Doüane deubs à sa Majesté ou audit le Bar son Fermier, comme il estoit obligé de faire par diuers vos Iugemens rendus en pareilles occurrences; Mesmes les quinziéme Octobre mil six cens trente-huict & dix-neufviéme Iuin mil six cens trente-neuf, publiés de l'Ordonnance du Bureau, & par tout où besoin a esté, le billet rapporté par ledit Seglat du payement de la Doüane de Valence ne luy pouuant seruir d'excuse pour le payement des droicts de la presente Doüane, que ladite marchandise est obligé de payer passant de Prouince à autre, comme du Dauphiné où il a reconnu auoir chargé lesdites deux Bales layne, auquel lieu ledit Fermier n'a aucun Bureau establi: C'est pourquoy il soustient qu'en execution de vosdits Iugemens, attendu la contrauention faite à iceux, & aux Edicts & Ordonnances de sa Majesté concernans le faict des Doüanes, Il doit estre dit, que lesdites deux

Bales

Bales & Cheual auec son harnois, saisis, seront declarez acquises & confisquez au
profit dudit le Bar; ledit Seglat, ensemble le
nommé Arnaud Plasson qui auoit ladite
marchandise, solidairement condamnez
en l'amende portée par lesdits Edicts &
Ordonnancs, & aux despens des procedures. Est aussi comparu Mᵉ Iean Payre Procureur, & assisté d'Arnaud Plasson Chap-
pellier du lieu de S. Chamond, & d'André
Seglat Voicturier par terre du lieu de Saint
Pierre de Bœuf, qui a dit, qu'ayant ledit
Plasson fait achat de deux Bales laine au
lieu de Rossillon en Dauphiné, pour icelles
faire conduire & voicturer audit lieu de
Saint Chamond, pour les y fabriquer & en
faire des chapeaux, il en auroit chargé ledit
Seglat Voicturier, auec ordre de les luy voicturer & conduire audit lieu de S. Chamond ce qu'iceluy Seglat ayant voulu faire,
aprés auoir trauersé le Rosne & estant au
lieu de la Terrasse, il auroit esté rencontré
par les Commis & Gardes pour la Douane
de cette Ville, lesquels auroient saisis non
seulement lesdites deux bales de laine, mais
aussi le Cheual sur lequel il les voicturoit;
Et à present ledit Fermier en demande la
confiscation, fondé sur ce qu'il dit qu'il y

a eu

 a eu contrauention & fraude de la part de
ses parties, ce qu'il ne sçauroit establir, ledit
Seglat n'ayant eu aucun dessein de frauder
en aucune façon les droicts de Doüane,
ayant consigné & aquité ceux de la Doüane de Valence ainsi qu'il estoit obligé de
faire, ce qu'il n'auroit fait s'il eust eu dessein
de frauder, comme l'on presuppose, outre
que cela luy auroit esté inutile, parce que
semblables marchandises ne doiuent ny ne
payent aucun autre droict que celuy de la
Doüane de Valence, y ayant plus de trente
ans que ledit Seglat fait semblables voictures, sans que jamais ledit Fermier ny ses de-
uanciers s'en soyent plaints, ny ayent pretendus aucun droict pour raison d'icelles,
aussi ne sçauroit-il faire voir par les Regi-
stres de ladite Doüane, qu'elles ayent jamais payé ny aquité ledit droict ; Et quand
il luy en seroit deu quelqu'vn, ce que non,
il faudroit pour le perceuoir qu'il establit
Bureau sur les lieux, afin que lesdites marchandises y peussent estre consignées &
aquitées, n'estant raisonnable de vouloir
obliger les Voicturiers de venir passer en
cette Ville pour y aquiter, & par ce moyen
les necessiter de faire dix ou douze lieues
de chemin plus qu'ils ne font en trauersant

le

le Rosne, & alans directement à S. Chamond : Ce qui consommeroit les Marchands à qui lesdites marchandises appar-
tiendroient, en des fraiz qui seroient beaucoup plus grands que les droicts de Doüane qui pourroient estre deubs pour raison
d'icelles, puis qu'il est contraint de reconnoistre que pour les deux Bales de question,
il ne pourroit pretendre que quarente sols
pour les droicts à luy deubs, ce qui seroit
vne grande & indue vexation : C'est pourquoy n'y ayant apparence que ledit Plasson
ayt eu dessein de frauder, n'estant Marchand
ains simple ouurier, ne sachant si ladite marchandise deuoit estre conduite en cette
Ville, & si elle deuoit quelques droicts,
estant la premiere fois qu'il en ayt acheté
audit lieu de Dauphiné, l'ayant mesme destinée pour la manufacturer & en faire des
Chapeaux, pour en apres les conduire en
cette Ville, & l'ayant remise audit Seglat
pour la luy voicturer audit lieu de S. Chamond ; moins encor de la part dudit Seglat
lequel a fait ce qu'il a deu faire, ayant acquité la Doüane de Valence, & n'ayant fait
que ce qu'il a accoustumé de faire puis lon-
gues années, sans que jamais ledit Fermier
ny ses Gardes s'en soyent plaints ny l'ayent
 arresté.

1661. arresté. Il soustient que main-leuée pure & simple leur doit estre faite desdites deux Bales marchandises & Cheual, ledit Fermier condamné en tous leurs despens, dommages & interests, c'est à quoy il conclud. Surquoy, après s'estre lesdits Procureurs & parties retirées, Veu par Nous le Verbal de saisie faite desdites deux Bales laine & Cheual, par le Brigadier & Gardes pour ladite Douane aux pays de Forests & Viuarets, en datte du quatorziéme du present, contenant que ledit jour estans au lieu de la Terrasse, ils auroient veu passer ledit André Seglat conduisant vn Cheual poil rouge, chargé de deux grandes Bales laine, ce qui les auroit obligé de l'aborder, & luy ayant demandé dont il venoit & quelle marchandise il conduisoit, leur auroit fait responce, qu'il conduisoit, pour vn Marchand de S. Chamond, deux cens septente cinq liures Laine, laquelle auroit esté achetée & prise au lieu de Rossillon en Dauphiné, & auroit esté passée à la trauerse du Rosne, pour la vendre audit S. Chamond. En consequence de laquelle, luy ayans remonstré que semblables marchandises venans de Dauphiné estoient sujettes de venir acquitter & descharger en cette Douane, &

de

de consequent qu'il contreuenoit aux Edits de sa Majesté, suiuant quoy ils auroyent faist tant ledit Oheual que marchandises, & luy auroient baillé assignation pour comparoir ce jourd'huy pour respondre sur le contenu audit Verbal, & voir prononcer sur la confiscation du tout, ledit Verbal signé par Extrait de nostre Greffier, remis en nostre Greffe par ledit Dru Procureur dudit Sebastien le Bar le lendemain quinziéme du present. Deux Sentences rendues au present Bureau, la premiere du quinziéme Octobre mil six cens trente-huict à la Requeste de M. Noël Depars lors Fermier General des cinq grosses Fermes de France, la Doüane de Lyon y comprise, Par laquelle auroit esté dit, que tres expresses inhibitions & deffences estoient faites à tous Marchands qui feroient conduire leurs marchandises dans l'estenduë de ce Gouuernement, pour les porter en autre Prouince, de prendre la trauerse, ainsi leur fust enjoint de les faire conduire à droicture en cette Ville pour y payer les droicts accoustumez, à peine de confication de ladite marchandise & de cinq cens liures d'amande, & autre plus grande s'il y escheoit. Et afin que personne n'en pretendit cause d'i-

P 4

gnorance

1661.

gnorance, seroit ladite Ordonnance leuë, publiée, & affichée en cette Ville & lieux accoustumez, comme encores au lieu de Roanne, & autres endroits & passages où l'on pouuoit prendre la trauerse, & passé outre nonobstant oppositions ou appellations quelconques, & sans prejudice d'icelles ; Au bas de laquelle sont les Actes de publications & affiches faites d'icelle par Denauziere premier Huissier au Bureau des Finances, tant en cette Ville que és villages de la Tour, bourg de Larbresle, Poncharra, Tarare, Roanne, Nulize, Feurs, Saint Chamond, S. Estienne, Bourg-Argental, Saint Iullien Molin Molette, S. Pierre de Bœuf, & autres endroits, & ce au mois de Nouembre de ladite année mil six cens trentehuict, Et la deuxiéme renduë aussi à la Requeste dudit Me Noël Depars contre Iean Catte du lieu de Giuaudan, en consequence de la susdite, Par laquelle fut dit, que les trois Bales Cadis du Puy ou de Giuaudan, conduites par ledit Catte desdis lieux au pays de Dauphiné, ainsi qu'il auoit reconnu, estoient declarées acquises & confisquées à sa Majesté. En consequence ordonné qu'elles seroient venduës au plus offrant & dernier encherisseur, & le prix en prouenant deliuré

dolivré le tiers au Denonclateur, le surplus   1661.
au Fermier en suite de son Bail, les fraiz de
Iustice par vn préalable leuez, Tout consideré, & oüy Me Iean Vidaud Procureur du
Roy.

IL EST DIT, que lesdites marchandises
& Cheual, sont declarez aquis & confisquez au profit de sa Majesté, ses Fermiers
ou ayans droict, deffences tant ausdits Plasson & Seglat, que à tous autres Marchands
& Voicturiers, de faire cy apres conduire
semblables marchandises, ou autres venans
du pays de Dauphiné, audit lieu de S. Chamond & autres endroits, sans les amener au
Bureau de la Doüane de cette Ville, pour y
aquiter les droicts de Doüane deubs pour
raison d'icelles. Et afin que personne n'en
pretende cause d'ignorance, ordonne que
le present Iugement sera publié à son de
trompe, & affiché és lieux & endroits accoustumez, & passé outre nonobstant oppositions ou appellations quelconques, &
sans prejudice d'icelles. Signé Guillard
Président, Mercier, Conseillers du Roy,
Tresoriers Generaux de France au Bureau
des Finances establt à Lyon, Dusauzey
Conseiller du Roy, Lieutenant particulier

P S

en

 en la Seneschauſſée, & Siege Preſidial de Lyon, Croppet Conſeiller du Roy, Maiſtre des Ports, ponts & paſſages, & Vidaud Procureur du Roy.

Prononcé à Me Iean Dru Procureur dudit Me Sebaſtien le Bar Fermier de ladite Doüane, & à Me Payre Procureur deſdits Arnaud Plaſſon & André Seglat, en parlant à leurs perſonnes, lequel Me Payre a proteſté de ſe pourvoir. Acte ledit jour dix-ſeptiéme Iuin mil ſix cens ſoixante-vn.

L'An mil ſix cens ſoixante-vn, le vnziéme jour du mois de Iuillet, par vertu du jugement cy-deſſus, & à la Requeſte dudit Me Sebaſtien le Bar Fermier, & Adjudicataire general des cinq groſſes Fermes de France, la Doüane de Lyon y compriſe, le premier Huiſſier, Concierge, & Garde du Bureau des Finances en la Generalité de Lyon y reſidant, ſouſſigné, certifie m'eſtre expres acheminé à cheval dudit Lyon, dés le jour d'hier, aſſiſté de Me Pierre Dache trompette ordinaire audit Lyon, auſſy amené expres auec moy à cheval dudit Lyon és Parroiſſes, Bourgs & villes ſizes és pays de Lyonnois & Foreſts, cy-apres ſpecifiées, en chacun deſdits lieux me ſuis tranſporté

au

au deuant des portes des Auditoires de Iustice, Places publiques, & autres lieux & endroits accoustumez à faire crys publics & affiches és susdits lieux: en chacun desquels, apres que ledit Dache a par trois diuerses fois sonné de sa Trompette, au son de laquelle est accouru quantité de personnes, i'ay à haute & intelligible voix, cry publié, & son de Trompe, leu & publié le susdit Iugement, à ce que personne n'en pretende cause d'ignorance, duquel Iugement i'ay en tous les susdits lieux affiché copie, à ce que le tout vienne mieux à la notice d'vn chacun, & comme s'ensuit.

Premierement ledit iour au lieu de la Varisselle, Parroisse de Saint Maurice, & Saint Iean à Toulas en Lyonnois, sur le grand chemin dudit Lyon à Saint Chamond.

Ledit ledit iour au Bourg de Riuedegier aussi en Lyonnois.

Le mesme iour en la Ville de Saint Chamond en Lyonnois.

Le lendemain douziesme dudit present mois en la Ville de Saint Estienne de Furan pays de Forest.

Le treiziesme dudit en la Ville du Bourg Argental audit pays de Forest.

Ledit iour à Saint Iullien Molin Molette audit Forest.

Le

1661. Le mesme iour au Bourg & Parroisse de Saint Pierre de Bœuf audit pays de Forests.

Le quatorziesme dudit mois en la Ville de Condrieu en Lyonnois.

Ledit iour quatorziesme dudit, au Bourg Saincte Colombe en Lyonnois.

Et finalement le quinziesme dudit mois de Iuillet mil six cens soixante-vn au Bourg & Parroisse de Giuors, le tout fait & exploité en presence dudit Dache, & encores de Iacques Vernas habitàns audit Lyon tesmoins, ledit Vernas mené aussi expres auec moy dudit Lyon. Iceluy Dache a signé, & non ledit Vernas, pour ne sçauoir enquis.